You must
study
English
every single day.

국가대표
영어회화
훈련법

이 책은 〈에리카의 플러스 마이너스 퀘스천 영어〉의 개정판입니다.

국가대표 영어회화 훈련법

지은이 에리카 최
초판 1쇄 인쇄 2019년 5월 7일
초판 1쇄 발행 2019년 5월 17일

발행인 박효상 　**총괄 이사** 이종선 　**편집장** 김현 　**기획 · 편집** 신은실, 김희정, 김설아
디자인 이연진 　**본문 · 표지디자인** 고희선
마케팅 이태호, 이전희 　**관리** 김태옥

종이 월드페이퍼 　**인쇄 · 제본** 현문자현

출판등록 제10-1835호 　**발행처** 사람in 　**주소** 04034 서울시 마포구 양화로 11길 14-10 (서교동) 3F
전화 02) 338-3555(代) 　**팩스** 02) 338-3545 　**E-mail** saramin@netsgo.com
Homepage www.saramin.com

책값은 뒤표지에 있습니다.
파본은 바꾸어 드립니다.

ⓒ 에리카 최 2019

ISBN
978-89-6049-780-1 13740

사람이 중심이 되는 세상, 세상과 소통하는 책 사람in

국가대표
영어회화
훈련법

에리카 최 지음(EBS 강사, 국가대표 선수 영어 선생님)

사람in

안녕하세요,
국가대표 영어 선생님 에리카입니다!

안녕하세요, 국가대표 영어 선생님 에리카입니다!

저는 어렸을 때 캐나다에 이민을 갔습니다. 그러다 대한민국 국가대표로 토론토에 전지훈련을 온 한 선수를 만나게 되었고 그 선수와 함께하면서 영어 교육자의 길로 나아가게 되었습니다..

그런 인연으로 한국에 오게 되어 여러 종목의 선수들과 스포츠인들의 영어 교육을 맡게 되었죠. 올림픽이라는 큰 국제 무대를 목표로 운동하는 선수들에게 영어 공부는 굉장히 힘들고 도전적인 일이었습니다. 선수들은 공부하는 습관이 잡혀 있지 않았거든요. 그러니 익숙하지 않은 자세로 몇 시간씩 앉아서 필기하고, 공부하는 게 굉장히 힘든 부분이었습니다.

지루하지 않게 영어 공부를 하고, 영어 말하기를 쉽게 할 수 있는 공부법을 연구하던 중, 저는 우리가 말하는 모든 언어는 +(긍정문) −(부정문) ?(의문문)으로 나뉘고, 이 3가지 틀을 이용하여 각 시제에 맞는 식(formula)을 가나단처럼 학습하면 스피킹에 크게 도움이 된다는 것을 알게 되었습니다.

여러분, 지난 몇 년 간 '시간과 돈을 투자해서 공부를 했는데, 왜 외국인 앞에서는 주눅이 들고 말을 못할까?' 고민하시죠? 또 한국어로 "너 무슨 생각하고 있었던 거야?"를 영어로 말하려고 하면 순간 머뭇거리죠? 막상 영어로 "What were you thinking?"을 보면 모르는 단어 조합이 아닌데도 말이죠. 그 이유는 스피킹에 맞는 훈련이 되어 있지 않아서입니다. 무작정 영어 공부를 한다고 스피킹을 잘하는 게 아니거든요. 우리 선수들이 토익/토플 시험을 한 번도 보지 않았는데 해외에서 유창하게 외국인 선수들과 얘기하고, 반대로 토익/토플 점수는 높은 사람들이 외국인 앞에서 입도 뻥긋 못하는 이유가 거기에 있습니다.

<국가대표 영어회화 훈련북>은 일상에서 늘 쓰이는 어휘와 문장들로만 구성된, 스피킹을 강화시키는 기초 영어책이자 훈련서입니다. 이제 더 이상 눈으로만 아는 영어는 내려놓고, 진짜 스피킹에 도움이 되는 그런 영어 공부를 제대로 하셔야 할 때입니다. 훌륭한 피겨스케이팅 선수가 되려면 점프 훈련을, 훌륭한 마라톤 선수가 되려면 달리기를, 훌륭한 유도 선수가 되려면 매치기 한판의 기술을 익혀야 하는 것처럼, 스피킹을 제대로 하려면 스피킹 강화 트레이닝을 잘 받아야 합니다. 이제 더 이상 모호한 영어 공부를 하면서 왜 영어 스피킹 근육이 키워지지 않는지 고민하지 마세요. 여러분들도 국가대표 선수들이 공부했던 학습법으로 영어 국가대표가 되어 보세요!

플러스 마이너스 퀘스천(+ - ?)
영어 공부법은 무엇인가?

+는 긍정문(평서문), -는 부정문, ?은 의문문을 뜻합니다. 영어뿐만 아니라 세계 거의 모든 언어에서 의사소통의 핵심을 차지하는 문장 형태는 이 세 가지를 벗어나지 않습니다. 즉, 긍정문과 부정문, 의문문만 자유자재로 할 수 있다면 스피킹을 잘할 수 있다는 뜻이 됩니다.

이것을 바탕으로 하여 나온 것이 바로 + - ? 영어입니다. 이것은 에리카 선생님이 국가대표 선수들에게 영어를 가르치면서 활용했던 학습법입니다. 한 문장을 +(긍정문), -(부정문), ?(의문문)으로 바꿔 말하는 걸 반복 훈련함으로써 영어로 말해야 할 때 영어가 순간 발사되도록 하는 것입니다. 이 효과를 가장 잘 보여주는 것이 외신기자 인터뷰 등에서 당당히 영어로 말하는 우리 선수들의 모습입니다.

국가대표 선수들은 올림픽이라는 큰 꿈을 품고 오랫동안 땀 흘려 훈련하기에 영어의 기초를 닦을 수 있는 시간이 일반인들에 비해 많이 부족합니다. 하지만 구구단처럼 영어의 가장 기본이 되는 식(formula)을 알려 주고 그걸 문장으로 만들어 보게 한 다음 + - ? 으로 바꿔 말하게 하는 훈련을 반복한 결과, 영어에 자신감을 얻고 외신기자 인터뷰에서 당당하게 하고 싶은 말을 할 수 있게 되었습니다.

기초가 많이 약했던 국가대표 선수들이 그렇게 영어를 할 수 있게 된 것은 꾸준한 훈련 덕분이었습니다. '나 영어 엄청 못하는데 나도 될까?' 고민하시는 분들, 네. 여러분도 충분히 할 수 있습니다. 여러분보다 기초 실력이 부족한 국가대표 선수도 해냈잖아요. 여러분들은 영어 공부를 시작할 당시의 그 선수들보다 문법도 더 많이, 단어도 더 많이 알고 있을 겁니다. 거기에 꾸준한 훈련만 더해진다면, 국가대표 선수들보다도 훨씬 더 잘 해낼 수 있을 겁니다.

에리카의 + - ? 영어의 효과를 믿고 꾸준히, 열심히 하시기 바랍니다!

에리카 선생님의 책을
강추합니다!

안녕하세요. 종목 특성상 해외 전지훈련과 시합 때문에 국외에 머물러 있는 시간이 길었습니다. 그에 따라 다양한 국적의 선수와 친구들을 만나게 되었습니다. 그들은 국적은 다양하지만 공통적으로 영어를 사용하였고 저도 그들과 공감하며 communication하기를 바랐습니다. 에리카 선생님과 함께 기초부터 탄탄하고 쉽게 배운 결과, 지금은 외국 친구들과 편안하게 대화하고 있습니다. 바쁜 일상 속에 쉽고 빠르게 영어를 배우고 싶다면? 이 책을 추천합니다!!!

원윤종 (봅슬레이 국가대표)

저는 외국에서 시합을 하거나 훈련을 가게 되면서 영어의 필요성을 정말 많이 느꼈습니다. 어디서부터 시작을 해야 할지 고민을 하던 중 좋은 기회가 생겨 태릉선수촌에서 에리카 선생님과 영어 수업을 하게 되었습니다. 수업을 하면서 막막했던 영어에 자신감도 많이 생겼고 영어가 재미있다는 것을 느끼게 되었습니다. 처음에는 영어가 두려워 외국 선수들을 피하곤 했지만 지금은 인터뷰나 대화하는 것에 대한 두려움이 많이 없어졌습니다. 저처럼 영어에 대한 필요성을 느끼지만 두려움이나 자신감이 없으신 분이라면 이 책을 추천해 드리고 싶습니다!

안바울 (유도 국가대표)

안녕하세요. 예전에 대표 선수로서 국제대회에 나갈 때마다 외국 선수들과 친해지고 싶어도 영어 실력이 좋지 못해서 쉽게 말을 먼저 꺼내기도 어렵고, 말을 걸어와도 두려웠습니다. 그리고 저의 꿈은 세계적인 안무가가 되는 것이라 영어는 필수불가결이었습니다. 몇 년 전부터 운 좋게 에리카 선생님과 수업을 하게 되면서 영어를 다시 기초부터 배우고 여러 가지 패턴들도 배우면서 외국 선수들과 대화도 많이 할 수 있게 되었습니다. 제 자신도 영어를 계속 배우면서 느는 것이 느껴지고, 더 흥미를 느끼게 되어 재미있게 수업을 듣고 있습니다. 여러분들도 이 책과 함께하시면서 더 이상 영어를 두려워하지 마시고 재미있고 흥미롭게 영어를 배우세요!

이준형 (피겨스케이팅 국가대표)

I love Erica's teaching style!

영어를 공부라고 생각하고 힘들어했던 저에게 에리카 선생님의 영어 수업은 하나의 놀이였습니다. 즐겁게 영어를 하다 보니 저절로 영어가 늘었고, 교과서에서는 배울 수 없는 표현들도 자연스럽게 익힐 수 있었어요. 영어 단어를 알아도 한 마디도 못했던 제가, 이제는 혼자 외국에 가서도 외국 코치님 그리고 선수들과 편안하게 이야기를 할 수 있게 되었습니다. 영어를 놀이처럼 즐겁게 배우고 싶으시다면 〈국가대표 영어회화 훈련법〉 책과 함께하세요!!!

김해진 (피겨스케이팅 국가대표)

오랫동안 국가대표 생활을 하며 여러 국가를 다니면서 영어에 대한 필요성을 느끼면서도 공부를 하지 못했고 은퇴 후에도 학원을 다녔지만 늘 제자리에서 맴돌기만 했던 저였답니다. 7년 전 선생님을 만나 영어를 배우며 그 동안 풀리지 않던 의문들이 풀리고 한 단계 업그레이드 되는 절 느낄 수 있었답니다. 단순히 외우기만 하는 걸 너무나 싫어하는 저에게 좀 더 이해하며 공부할 수 있는 방법들을 알려주신 Erica 선생님. 영어도 운동과 마찬가지로 스스로 얼마나 노력하느냐와 함께 깨우쳐 가며 공부하는 게 중요하다는 거 아시죠? 이 책과 함께 영어에 대해 이해하고 자신감을 쌓아 가시기 바랍니다.

안상미 (전 쇼트트랙 국가대표, 현 쇼트트랙 해설위원)

선수 은퇴 후 국제 심판으로 활동하면서 영어의 중요성을 실감하고 있었을 때 국민체육진흥공단 강의실에서 만난 에리카 선생님은 스포츠인들에게 맞춤형 명강의를 해주셨어요. 저는 사막에서 오아시스를 만난 듯하였고, 영어를 통해 세계 스포츠인들과 소통하는 방법을 알게 되었어요. 제게 영어는 너 이상 두려운 존재가 아닌 평생 함께하는 친구가 되었답니다. 국가대표 영어 교육자 에리카 선생님의 노하우(knowhow)가 이 책에 모두 담겨 있습니다. 영어 때문에 슬럼프를 느끼시는 분들! 지금 바로 책장을 넘겨 보세요! Are you ready? Open the book!

권보영 (리듬체조 국제 심판)

많은 운동선수들이 은퇴 후 지도자와 스포츠 행정가, 심판으로의 진로 방향을 고민하며, '국제스포츠인재양성' 교육 과정을 찾아오게 됩니다. 어떠한 미래를 꿈꾸든, 국제화 시대에 필수적인 영어 실력을 쌓기 위해 열정적인 에리카 선생님을 만나 영어에 대한 재미를 찾고 자신감을 가져 자연스레 국제 스포츠 리더로서 첫발을 내딛게 됩니다. 영어 공부뿐만 아니라 꿈을 이룰 수 있도록 응원해 주고 끌어 주는 에리카 선생님이 분명 스포츠계 뿐만 아니라 여러분들께도 그동안 축적된 노하우를 전파해 주실 거라 생각합니다. 여러분들도 이 책을 통해 국제 무대에 진출하기를 기대합니다.

장형겸 (국민체육진흥공단 국제인재팀)

오발의 두려움으로 아직까지 영어로 말하는 것을 꺼리고 있지는 않은가. 머릿속에 내용물을 채우기 위해 수없이 장전만 반복하고 있지는 않은가. 이제는 방아쇠를 당길 차례다. EBSe의 대표 영어 교육자이자 이 책의 저자는 당신을 영어의 명사수로 이끌어 줄 것이다.

윤혜지 (EBS **영어교육부** PD)

I really recommend it.

제가 2년 전 에리카 샘을 만났을 때 A는 apple, B는 bear, C는 cat이라 떠올리는 5살 수준의 영어 실력이었습니다. 하지만 에리카 선생님의 + − ? 영어법으로 공부한 지금의 제 인생은 완전히 달라졌죠. 제 업무가 국제 헬스케어 사업을 맡고 있는 터라 영국, 미국, 캐나다 등 영어권 나라로 해외 출장이 잦고 영어로 소통하고 이메일을 자주 주고받아야 하는데 아무 걱정 없이 부담 없이 일한답니다. 영어를 잘하게 되면서 국제적 감각으로 일하는 방법까지 터득하게 되니 많은 도전을 하게 되고 놀라운 성과를 이루게 되었습니다. 에리카 샘이 없었다면 일어날 수 없던 일이죠. 에리카의 + − ? 영어는 인생의 반전을 만들어 내는 놀라운 마법 같은 방법이에요. 저의 영어 뮤즈인 에리카의 + − ? 영어 공부 방법을 꼭 추천하고 싶어요.

권세라 (**한국에스알 주식회사 대표**)

저는 더웰스의원 김주민 원장입니다. 외국인 진료를 보다 보면 부담스러울 때가 있고 병원 직원들도 마찬가지였는데요. 에리카 선생님의 지도 하에 + − ? 영어법으로 배우고 나니 영어가 재미있고 쉬워졌습니다. 영어를 즐겁고 재미있게 실전 중심으로 배워 보니 영어를 말하는 것에 자신감이 생겼습니다. 그 덕분에 외국 의료기 산업에 참가도 할 수 있게 되었고 병원뿐만 아니라 글로벌 산업에도 눈을 뜨게 되어 너무나 감사한 미다. + − ? 영어법은 단순히 영어만 늘게 해주는 것이 아니라 삶을 풍성하게 만들어 주는 매직입니다. 고마워요, 에리카.

김주민 (**더웰스의원 원장**)

이렇게 활용하시면
효과 100배!

'난 정말 영어 기초도 약하고, 어디서부터 어떻게 시작해야 할지 모르겠어' 라고 생각하시는 분! 맞아요, 이 책은 바로 그런 여러분들을 위한 책입니다.

여러분의 스피킹 능력 향상을 책임질 이 책은 16개 유닛으로 구성되어 있습니다. 시제를 중심으로 카테고리를 묶어 영어 스피킹의 기본을 다지며, 각 유닛은 '핵심 내용 설명-훈련 파트-활용 실례' 크게 세 부분으로 나뉩니다.

구슬이 서 말이라도 꿰어야 보배죠? 맞습니다. 아무리 좋은 학습법과 책이라도 제대로 활용하지 않으면 소용이 없습니다. 여기, 안 그래도 좋은 + - ? 영어를 더 잘 활용할 수 있는 방법을 알려드립니다.

Teacher's Tip

각 유닛의 핵심이 되는 설명 루문이에요. 서기 동영상이라고 돼 있는 QR 코드가 보이시죠? 휴대폰만 대면 에리카 선생님의 핵심만 쏙쏙 뽑은 강의를 들을 수 있습니다. 강의를 듣고 책 내용을 읽어 보세요. 이해가 쏙쏙 잘 되었다고요? 자, 이제부터 본격 훈련 시작입니다.

+, −, ?, Quiz 훈련

자, 이제는 펜을 들고 직접 문장을 써 보면서 자기 것으로 만들 차례입니다. 한글 문장을 보고 옆의 빈칸에 문장을 써 보세요. 한글 문장 옆에 힌트 단어들이 있기 때문에 어렵지 않게 쓸 수 있습니다. 다 쓴 다음에는 QR 코드를 찍어서 원어민 발음으로 들어보고 정답 페이지에서 정답을 확인해 보세요. 각 페이지 아래에 있는 에리카 선생님의 깨알 같은 학습 정보도 놓치지 마세요.

Speak up!

+, −, ?, Quiz까지 열심히 한 당신, 이제 정말 문장을 말할 수 있는지 확인해 봐야겠죠? 배운 것만으로도 얼마든지 멋진 스피치가 가능하다는 것, 아시나요? 아래 주어진 힌트 단어를 보고 문장을 만들어 자신 있게, 크게 말해 보세요. 완전한 영어 문장은 정답에서 확인할 수 있습니다.

Erica's Note

방대한 영어의 세계를 동영상 강의와 +−? 훈련만으로 커버하기에는 부족한 게 사실이에요. 알아두면 피가 되고 살이 되는 관련 영어 정보를 꽉꽉 눌러 담았습니다. 역시 에리카 선생님의 동영상 강의가 함께하니 동영상 강의도 놓치지 마세요.

이럴 땐 이렇게

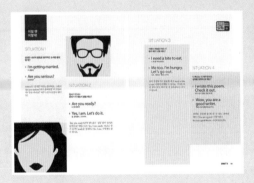

앞에서 열심히 훈련한 내용이 실제 상황에서 쓰이는지 궁금하시죠? 이 책에서 훈련한 문장들은 모두 실생활에서 많이 쓰이는 것들입니다. 실제 어떤 상황에서 어떤 뉘앙스로 쓰이는지 간단한 상황 회화 네 개를 제시합니다. 역시 통통 튀는 에리카 선생님의 동영상 강의가 함께하는데요, 듣다 보면 머리에 쏙쏙 박힙니다. 선생님의 강의를 듣고 꼭 스스로 말해 보는 연습을 해보세요.

Wh-Question Training

+−?과 더불어 꼭 훈련해야 하는 게 바로 Wh-Question입니다. 은근 까다롭고 헷갈리는 Wh-Question, 눈으로만 봐서는 절대 잘할 수 없습니다. 활용도 높은 Wh-Question을 집중 훈련하여 스피킹에 빈틈이 없도록 합니다.

차 례

PRE-UNIT

이 책에
들어가기에 앞서

국가대표 영어 교육자로, 또 영어 교육 방송인으로 활동하며 많은 선수들을 가르치고 방송을 진행한 제가 가장 많이 받았던 질문은 "어떻게 해야 영어를 잘할 수 있나요?"였습니다. '영어 교육 자료는 널리고 널렸고 나는 영어를 십년 간 해 왔는데, 왜 이리도 못할까? 왜 나는 영어 앞에만 서면 이렇게 작아지는 걸까? 왜 영어는 나에게 넘지 못할 산일까? 왜 나는 영어가 이리도 두려울까?' 라고 많은 분들이 고민하시더라고요.

자, 그럼 저 에리카와 함께 공부했던 선수들의 대표적인 학습법을 함께 나눠 보도록 해요. 많은 분들이 "국가대표 선수들이 영어 공부를 왜 해요? 운동하기도 바쁠 텐데요?" 라고 질문하실 수도 있는데요. 아무래도 국제 경기에 많이 참가하는 선수들은 외신기자 인터뷰나 현장에서 심판에게 항의할 때, 영어가 필요한 경우가 많습니다. 또 외국인 코치들과 원활하게 의사소통을 하고, 다양한 나라 선수들과 시합을 통한 교류 등도 영어를 공부해야 할 이유랍니다. 김연아 선수의 멋지고 유창한 영어 인터뷰 보신 적 있으세요? 배구의 김연경 선수와 축구의 박지성 선수, 유승민 IOC 위원, 테니스계의 떠오르는 신예 정현 등 많은 선수들과 스포츠인들에게 영어는 이미 필수가 되었습니다.

저는 이렇게 중요한 영어 스피킹에서 한 가지 중요한 사실을 말씀드리고 싶습니다. 바로 **Korean ≠ English**입니다.
이 말이 뭐냐고요? 한국어와 영어는 다른 언어입니다. 한국어야 우리 모국어니까 힘들여 공부하지 않아도 쉽게 터득이 됐지만, 영어는 그렇지 않아요. 게다가 한국어와는 어순도 다릅니다. 그렇기 때문에 영어는 학습과 훈련을 통해서 익힐 수밖에 없는데요, 우리는 훈련보다는 눈으로 하는 학습에 너무 치중해 있다는 뜻입니다. 즉, 밸런스가 맞춰지지 않고 있다는 의미인 거죠..

학습과 훈련의 밸런스가 맞춰지고 있는지 확인하기 위해 아래 우리말 문장을 영어로 바꿔서 말해 보세요.

Learn
English

안녕하세요.
에리카입니다.
전 6년 전에 캐나다에서 한국에 왔어요.
저는 현재 영어 선생님으로 일하고 있습니다.
여러분께 영어가 어려울 거예요.
영어는 매일 공부하셔야 해요.
여러분은 하실 수 있습니다.
저를 믿으세요!
'에리카의 + – ?'와 함께 공부해요!

한국어야 뭐 당연히 어려울 것 없는데, 영어로 바꾸려니 많이 힘드시죠? 외로워 마세요!! 약 80%가 네 번째 문장에서 막힌답니다. 자, 그럼 이제 영어 버전을 보도록 해요.

Hello, everyone.
This is Erica.
I came to Korea from Canada 6 years ago.
Now I am working as an English teacher.
English must be hard for you.
You must study English every single day.
You can do it.
Trust me!
Let's study with "Erica's + - ?"!

이 영어 문장을 읽고 아마 많은 분들이 '아… 생각보다 쉽다. 근데 왜 저렇게 못 바꿨지? 어려운 단어도 없는데…'라고 생각하셨을 거예요. 이건요, 여러분의 영어 회화 훈련의 균형이 깨져 있기 때문입니다. 문법이나 독해 훈련은 많이 되어 있어도 말하는 영어 즉, 스피킹 훈련의 강도는 현저히 낮다는 거죠. 이렇게 훈련이 균형을 이뤄야 하는데, 자신의 영어 공부에 이론만 너무 많이 몰아친 건 아닌지 돌아볼 필요가 있습니다.

본격적으로 이 책에 들어가기에 앞서 여러분이 지금까지 얼마나 건강하게 영어 기초를 잘 다졌는지 잠깐 테스트를 해보겠습니다. 이 퀴즈는 Are you ~?와 Do you ~?의 차이를 정확하게 알고 있는지, 언제 쓰는 건지 입이 알고 있나를 테스트합니다. 즉흥적으로 문장 5개씩 만들어 보세요.

Do you ~? 문장 5개 만들기

1 _____

2 _____

3 _____

4 _____

5 _____

Are you ~? 문장 5개 만들기

1 _____

2 _____

3 _____

4 _____

5 _____

술술 잘 나왔나요? 첫 문장 쓰는 것도 어떻게 써야 할지 망설여졌다고요? 괜찮습니다. 이 책은 그런 여러분을 위한 거니까요. 영어권 국가에서 태어나지 않은 이상 초보였던 적은 누구나 있습니다. 그러니 못하는 것은 당연한 거죠. 단, 이제부터 제대로 된 학습법으로 열심히 하면 됩니다.

저와 공부하는 많은 국가대표 선수들은 문법이나 단어 위주가 아닌, 스피킹을 집중적으로 합니다. 일단 영어를 배우는 최종 목표는 의사소통이니까요. 사실 운동 선수들은 새벽부터 저녁까지 훈련에 매진하기 때문에 영어 공부할 시간이 절대적으로 부족해요. 그러다 보니 문법이나 단어 실력이 낮기도 하고요. 하지만, 그런 선수들이 어떻게 유창한 영어 스피킹 실력을 갖추게 되었을까요? 바로 에리카의 3가지 핵심 학습 Tip 덕분입니다.

1 Set Yourself Targets

시험 영어에는 '토익 800점' 등 숫자로 목표를 정확히 잡는 반면, 영어 회화에는 그냥 단지 '영어 잘하고 싶다' 라고만 막연히 정하는 게 대부분입니다. '영어를 잘하고 싶다' 라는 막연한 소망이나 목표보다 정확하고 구체적으로 영어를 왜 잘하고 싶은가 하는 목표를 반드시 정해야 합니다.

에리카와 함께 공부하는 국가대표 선수의 모범 예시

- **목표 1** 선수 생활을 하다 보니, 국제 시합과 전지훈련을 북미로 가는데 현지에서 외국 선수들과 좀 더 다양하게 교류하고 영어로 대화하고 싶다.
- **목표 2** 최종적으로, 국가대표 선수로 뽑혀 올림픽에서 금메달을 따고 외신기자 인터뷰를 멋지게 하고 싶다.
- **목표 3** 캐나다 코치가 팀에 합류했는데, 영어를 좀 더 해서 더 많은 걸 배우고 싶다.

2 Regular Exposure to English

사실, 국제 대회에 참가하는 선수들이나 국가에서 지원하는 종목의 선수들인 경우, 자기가 마음먹기에 따라서 영어에 노출하는 시간이 길어질 수 있습니다. 일단 영어 선생님께 수업을 받을 수도 있고요, 해외 출신의 코치와 생활할 수도 있기 때문입니다. 여러분들도 얼마만큼 내가 영어에 노출하고 있는지 정확히 분석하는 게 굉장히 중요합니다.

에리카와 함께 공부하는 국가대표 선수의 모범 예시

- ▶ 일 년 중 두 달 정도는 유럽과 북미로 전지훈련과 시합에 나간다.
- ▶ 한국에 있는 동안은 주 1회 에리카 선생님과 2시간씩 맞춤 교육 영어 회화 & 외신기자 대비 미디어 트레이닝을 받는다. (국내 영어 교육)
- ▶ 여름 특별 훈련 중에는 캐나다 외국인 코치가 합류한다.
- ▶ 매 경기가 끝나면, 영어 해설이 있는 내 경기를 포함해 다른 선수들의 경기를 모니터링 하면서 영어를 듣는다.

3 Find Your Own Way

모든 사람의 얼굴과 관심 분야, 생활 패턴이 다르듯이, 나에게 맞는 공부법을 찾는 게 굉장히 중요합니다. 그래야 꾸준히 동기 부여가 되어 길게 갈 수 있습니다. 선수들의 경우, 각자의 개성과 관심을 반영하여 맞춤 영어 공부를 하고 있습니다. 예를 들어, 음악을 사용하는 피겨스케이팅의 경우, 영어 팝송을 통해 가사 내용을 익히면 프로그램 연기를 할 때 도움이 되기 때문이죠. 또, 유도나 태권도 같은 스포츠는 심판과 바로 함께 현장에 있기 때문에 오심 판정에 항의할 수 있게 짧지만, 강렬한 메시지를 주는 짧은 문장 위주로 익힌답니다. 김연아 선수 같은 경우는 워낙 영어 인터뷰가 많기에 고급 표현들과 외신기자 대비 인터뷰 즉, 경기 후 감정을 표현할 수 있는 문장들로 준비합니다. (만족스럽다, 아쉽다, 떨렸다 등 감정 표현 인터뷰 위주로요.)

에리카와 함께 공부하는 국가대표 선수의 모범 예시

▸ 상황상 학교, 학원을 다닐 수 없기에 꾸준히 수업을 받기가 어렵다.
  기초가 많이 부족하고, 운동 선수라서 체력적으로 영어에만 매달리기 힘들고
  피로감이 많아서 공부에 오랜 시간 집중하기 조금 어려운 점이 있다.
▸ 따라서, 내게 맞는 맞춤 영어 교육 방법은 적어도 국내에 있는 동안은
  에리카 선생님과 일반 책이 아닌 스포츠 경기 해설을 통해 리스닝과 표현
  그리고 패턴을 익힌다. YouTube에 나오는 경기 영상의 해설을 반복해서
  필요한 어휘와 표현을 익힌다.
▸ 배운 패턴은 꼭 내 상황에서 쓸 수 있는 문장으로 바꿔서 통째로 외운다.
  절대 단어의 뜻을 외우지 않고 문상으로 내 상황에 섭목시켜서 해외에 나길 때
  반드시 사용해 본다.
▸ SNS에서 좋아하는 외국 선수들을 팔로우하면서 그들이 사용하는 문상을
  익힌다. 짧지만 SNS에 영어로 글을 올리기도 한다.
  그러면 작문 훈련이 되는 것 같다.

자, 세 가지 학습 TIP이 뭔지 아셨나요? Tip을 Tip으로만 받아들이면 안 돼요. 실천을 해야지요. 다음 페이지에 제가 알려 드린 Tip을 자신의 상황에 맞게 적어 보세요. 그리고 이 책을 끝까지 해냈을 때 자신의 영어가 어떠할지 상상해서 써 보세요. 그러다 영어 공부가 지겨워지면 한 번씩 다시 읽어 보면서 마음을 다잡으시면 됩니다.

1 Set Yourself Targets

2 Regular Exposure to English

3   Find Your Own Way

4   Imagine Yourself after Finishing This Book

UNIT

1

Be동사 현재

am/are/is

팔방미인 Be동사의 다양한 모습, 그 중에서도 현재형을 공부합니다.

L O O K   A T   T H I S !

I am = I'm	I am not = I'm not	Am I ~?
You are = You're	You are not = You're not	Are you ~?
We are = We're	We are not = We're not	Are we ~?
They are = They're	They are not = They're not	Are they ~?
He is = He's	He is not = He's not	Is he ~?
She is = She's	She is not = She's not	Is she ~?
It is = It's	It is not = It's not	Is it ~?

TEACHER'S TIP

영어 문장에서 가장 많이 쓰이는 단어는 바로 Be동사!

여러분, Be동사라고 들어 보셨죠? 음, am/are/is가 Be동사의 또 다른 모습인 것까지 아신다고요? 그런데 이 Be동사는 문장에서 어떤 역할을 할까요? 만약에 안 쓴다면 어떤 일이 생길까요?

> **I Erica.** 나 에리카.
> **You Korean.** 당신 한국인.

이렇게 반말이 됩니다. 동방예의지국 한국에선 있을 수 없는 문장이죠. 그럼 Be동사를 넣어 볼게요.

> **I am Erica.** 전 에리카입니다.
> **You are Korean.** 당신은 한국인이군요.

깔끔하면서 뭔가 마무리가 된 느낌이죠? 맞아요. Be동사는 이렇게 문장을 완성해 주고요, '~입니다' 또는 '있습니다'의 의미로 쓰입니다. 이런 Be동사가 없는 문장은 주인공 없는 드라마라고 할까요?
이 Be동사는 앞에 오는 것들(주어)에 따라 am, are, is로 바뀌는데, 얘네들을 쪼끔 유식한 말로 Be동사의 현재라고 불러요. 뭔가 있어 보이죠?

우리가 가장 많이 접하는 문장 종류 세 가지
언어의 무수히 많은 문장도 결국 알고 보면 크게 세 가지 중 하나랍니다.

+ 긍정을 나타내는 평서문: ~입니다.
− 부정을 나타내는 부정문: ~ 아닙니다, ~이지 않습니다.
? 질문을 나타내는 의문문: ~입니까?

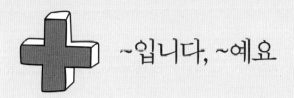 ~입니다, ~예요

1	저 **Erica**예요.	I am Erica.

---

2 저 괜찮아요.
　　　　　　　(fine)

---

3 그녀는 제 친구예요.
　　　　　　(my friend)

---

4 제 이름은 Linda예요.
　　　　　　(My name)

---

5 멀어요.
　　　　　　(It, far)

---

6 우리 준비됐어.
　　　　　　(ready)

---

7 그녀는 섹시하죠.
　　　　　　(sexy)

---

8 9시예요.
　　　　　(It, 9 o'clock)

---

9 오늘 덥네요.
　　　　　(It, hot today)

---

10 영어는 어려워요.
　　　　　(English, hard)

---

11 전 한국에서 왔어요.
　　　　　(from Korea)

---

12 **Daniel**은 언론인이야.
　　　　　(a journalist)

....

Erica says

외국인들이 한국에 와서 가장 어렵다고 하는 것 중 하나가 각 지역마다 다른 Be동사의 한국어 버전이라네요. 예를 들어, 나 에리카예요, 난 에리카입니다, 나 에리카인데, 내가 에리카다! 나 에리카야, 나 에리카여유, 나 에리카랑께, 지는 에리카예유 ~ 등 무지하게 다양하죠. 그래서 한국에 온 외국인이 "난 에리카입니다"를 어렵사리 배웠는데 지방에 내려가서 "나 에리카랑께 ~" 라고 들으면 완전··· 좌절 모드겠죠? 근데 영어는 유일무이 Only one! I am Erica. 이렇게 am 하나만 쓰면 됩니다. Simple한 영어의 매력이 물씬 느껴지시죠?

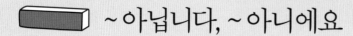 **~ 아닙니다, ~ 아니에요**

괄호 안의 주어진 단어를 활용해 문장을 완성해 보세요. 정답은 p. 206.

MP3-**002**

1	저 Erica 아니에요.	I am not Erica.
2	그는 영어 선생님 아닌데요. (an English teacher)	
3	그녀는 제 동료가 아닙니다. (my co-worker)	
4	우리 축구 선수 아니잖아. (soccer players)	
5	쟤들은 멍청하지 않아. (stupid)	
6	저 슬프지 않아요. (sad)	
7	그녀는 현명하지 않아요. (wise)	
8	5시 아니에요. (It, 5 o'clock)	
9	바람이 안 부네요 오늘. (It, windy today)	
10	토익이 쉽지 않네요. (TOEIC, easy)	
11	그들은 경찰관이 아니에요. (policemen)	
12	담배는 건강에 좋지 않아요. (Cigarettes, healthy)	

Erica says

아니, 시간이나 날씨를 말하는데 '그것'의 it이 왜 나오는지 궁금하셨죠? 원어민들은 시간, 날씨, 거리, 요일 등을 말할 때 It으로 문장을 시작한답니다.

시간: **What time is it?** 몇 시예요? **It's 2 o'clock.** 두 시예요.
날씨: **It's sunny.** 해가 쨍쨍해요.
거리: **Is it 2km?** 2 킬로예요?
요일: **It's Monday.** 월요일이에요.

 ~입니까?, ~이에요?

괄호 안의 주어진 단어를 활용해 문장을 완성해 보세요.
정답은 p. 206.

MP3-**003**

1	나 예뻐? (pretty)	Am I pretty?
2	(당신) 스페인어 선생님이세요? (a Spanish teacher)	
3	너네 준비됐어? (ready)	
4	오늘이야? (today)	
5	쟤네들 중국인이야? (Chinese)	
6	너 행복해? (happy)	
7	네 여자친구 키 커? (your girlfriend, tall)	
8	8시예요? (8 o'clock)	
9	비 와요 오늘? (rainy)	
10	(당신) 학생이세요? (a student)	
11	그거 짜요? (salty)	
12	그가 코치야? (a coach)	

You can do it

스포츠 선수들이 해외 언론과 인터뷰할 때, 자기 감정 표현을 많이 해요. 이때 굉장히 핵심적으로 사용하는 게 바로 Be동사죠. 예를 들어, 큰 시합을 앞둔 선수에게 "기분이 어떤가요? How are you feeling?" 이렇게 질문하면, "Well, I'm very nervous.(저 너무 떨려요.)" 이렇게 얘기할 수 있겠죠? 자기 감정을 표현할 때 핵심적인 Be동사! "I am happy.(저 행복해요.)" "We are satisfied.(저희는 만족합니다.)" 이렇게 다양하게 표현할 수 있어요.

UNIT 1 25

MP3-**004**

1	그녀의 이름은 Sarah예요.	Her name is Sarah.
	(Her name)	
2	전 선생님이에요.	
	(a teacher)	
3	이거 제 책인데요.	
	(my book)	
4	(당신) 배고파?	
	(hungry)	
5	나 화 안 났어.	
	(mad)	
6	실례지만, 결혼하셨어요?	
	(Excuse me, married)	
7	아니야. 그들은 쌍둥이야.	
	(twins)	
8	이거 네 거니?	
	(yours)	
9	8시 아닙니다.	
	(8 o'clock)	
10	그녀가 한국인이에요?	
	(Korean)	
11	그가 운동선수예요?	
	(an athlete)	
12	그녀가 제 아내입니다.	
	(my wife)	

speak up!

단어가 모여 문장이 되고, 문장이 모여 멋진 회화가 됩니다. 문장을 늘리고 늘려 멋진 paragraph를 만들어 봅시다!
반드시 큰소리로 3번 ~! 정답은 p. 207.

**"안녕하세요. 전 Erica입니다. 전 한국인 아니에요. 저는 캐나다인이고요. 영어 선생님이에요.
(당신) 한국인이세요? 아니면 (당신) 중국인이신가요? 아하 ~, (당신은) 일본인이시군요! 반가워요!"**

한국인 Korean   캐나다인 Canadian   영어 선생님 an English teacher   중국인 Chinese
일본인 Japanese   만나서 반가워요. Nice to meet you.

Be동사와 관련해 꼭 알아두어야 할 내용을 추렸어요.
꼭 읽어 보세요.

1. 주어와 Be 동사의 짝꿍

Be동사는 뜻은 동일하지만 주어에 따라 am / are / is 이렇게 세 가지 형태로 바뀝니다. 영어에는 늘 항상 예외가 있는데 Be동사만큼은 하늘이 두 쪽 나도 절대 짝꿍이 바뀌지 않는답니다.

I am	We are
You are	You are *이때의 You는 '당신들은, 너희들은'의 뜻
She/He/It is	They are

2. 동작과 행동을 나타내는 일반동사 vs. 상태를 나태는 Be동사

왜 I love you는 맞는데, I am love you는 안 되는 걸까요?
이걸 이해했다면 당신은 이미 Be동사 챔피언! Be동사를 무조건 사용하면 안 돼요!

I love you. = 나는 사랑합니다 당신을

I am love you. = 나는 입니다 사랑합니다 당신을

이렇게 일반동사가 어엿하게 있는 문장에 Be동사는 불청객이랍니다. 이미 일반동사 안에 '~다' 라는 느낌을 포함하고 있기에 Be동사는 절대 쓰지 않아요. 일반동사가 문장을 휘어잡고 있을 때는 Be동사를 쓰지 않는다는 것, 꼭 기억하세요.

3. Be동사의 줄임말

실제 회화에서는 앞에 나오는 주어와 Be동사를 줄여서 씁니다. Be동사의 줄임말, 훈련해 보세요!

I am = I'm	I am not = I'm not
We are = We're	We are not = We're not / We aren't
You are = You're	You are not = You're not / You aren't
He/She/It is = He's/She's/It's	He/She/It is not = He's/She's/It's not, He/She/It isn't
They are = They're	They are not = They're not / They aren't

SITUATION 1

믿었던 너마저 결혼을! 충격적인 소식을 들었을 땐?

A **I'm getting married.**
나 결혼해.

B **Are you serious?**
진심이야?

serious는 '진지한' 이라는 뜻이에요. 그래서 Are you serious? 라고 물어보면 "너 진심이야? 장난 아니고?" 이런 느낌의 문장이 됩니다!

SITUATION 2

준비가 반이다.
준비가 다 됐는지 물을 때는?

A **Are you ready?**
너 준비됐어?

B **Yes, I am. Let's do it.**
응, 준비됐어. 그거 하자.

"Are you ready?(준비 됐나요?)" 정말 많이 들어본 표현이죠? 대답으로는 Yes, I am ready. 라고도 할 수 있지만 ready를 생략하고 Yes, I am. 이렇게도 할 수 있어요.

SITUATION 3

식욕이 하늘을 찌르나?
왠지 배가 고플 때는?

A I need a bite to eat.
나 뭐 좀 먹어야겠어.

B Me too. I'm hungry.
Let's go out.
나도. 배고파. 밖에 나가자.

입이 심심하거나 출출할 때, I need a bite to eat! 이렇게 표현할 수 있어요. 직역을 하면 '뭔가 한입 해야 할 게 필요하다'는 의미가 됩니다.

SITUATION 4

나 빼고는 다 재주꾼이야.
상대를 칭찬해 줄 때는?

A I wrote this poem.
Check it out.
내가 이 시 썼어. 한번 봐 봐.

B Wow, you are a
good writer.
우와, 너 글 정말 잘 쓰는구나.

상대를 칭찬해 줄 때 쓸 수 있는 최적의 패턴 〈You are a good + 직업 이름〉
You are a good dancer. 너 진짜 춤 잘 춘다.

단어의
힘

빵빵한 영어의 비법은 탄탄한 어휘 실력!
영어는 우리말로, 우리말은 영어로 써 보세요.

fine	_____	영어 선생님	_____
name	_____	축구 선수	_____
far	_____	스페인어 선생님	_____
ready	_____	학생	_____
sexy	_____	짠	_____
hard	_____	코치	_____
journalist	_____	결혼한	_____
expensive	_____	매고픈	_____
good	_____	쌍둥이	_____
co-worker	_____	운동선수	_____
stupid	_____	아내, 부인	_____
sad	_____	당신 것	_____
wise	_____	8시	_____
windy	_____	실례합니다.	_____
easy	_____	화난	_____
policeman	_____	책	_____
healthy	_____	여자친구	_____
cheap	_____	키가 큰	_____
pretty	_____	오늘	_____
happy	_____	담배	_____
rainy	_____	더운	_____

UNIT

2

일반동사 단순현재
I/You/We/They

일반동사의 여러 시제 중 현재시제가 I/You/We/They와 연결되는 것을 공부합니다.

LOOK AT THIS!

I love Erica.
You love Erica.
We love Erica.
They love Erica.

I don't love Erica.
You don't love Erica.
We don't love Erica.
They don't love Erica.

Do I love Erica?
Do you love Erica?
Do we love Erica?
Do they love Erica?

일반동사는 "~하다"

앞에서 be동사를 배웠는데요, 동사가 과연 뭘까요? 어렵게 생각하지 말아요. '~하다' 라고 끝나는 단어가 바로 동사랍니다. 지금 이 책을 보고 있는, '난 영어 정말 못해' 하시는 분들도 동사를 적어도 10개는 알고 계신답니다. 가다 go, 오다 come, 듣다 listen, 보다 see, 울다 cry, 운전하다 drive, 전화하다 call, 사랑하다 love, 사다 buy, 공부하다 study. 거봐유! 다 알고 있죠?
우리말을 보면 '밥 먹다, 밥 먹었다, 밥 먹을 것이다'처럼 동사로 현재, 과거, 미래를 나타내죠? 영어도 마찬가지예요. 오늘은 그 중에서도 동사로 현재를 나타내는 걸 알아볼 거예요. 그럼 현재는 언제 쓸까요?

1. 반복적인 일상
(이제도, 오늘도, 내일도 반복되는 일)
We train every day. 우리는 매일 훈련을 합니다.

2. 사실
They live in Korea. 그들은 한국에서 살아요.

3. 예정된 스케줄
We start school in September. 우리는 9월에 학기가 시작해요. (아직 9월이 안 된 상태예요)

4. 현재의 상태
I have a dream. 전 꿈이 있어요.

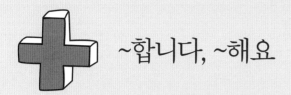 **~합니다, ~해요**

괄호 안의 주어진 단어를 활용해 문장을 완성해 보세요.
정답은 p. 207.

MP3-**005**

1	(나 당신) 사랑해. **(love you)**	I love you.
2	저희는 (평소에) 책을 읽어요. **(read a book)**	
3	나 너 좋아해. **(like you)**	
4	우리는 스포츠를 즐깁니다. **(enjoy sports)**	
5	나 아침밥 먹어. **(have breakfast)**	
6	우리는 지하철 타요. **(take a subway)**	
7	그들은 택시 타요. **(take a taxi)**	
8	저 커피 마셔요. **(drink coffee)**	
9	당신은 날 싫어하잖아요. **(hate me)**	
10	난 당신을 믿어. **(trust you)**	
11	그들은 맥주 마셔. **(drink beer)**	
12	나 매주 책 사. **(buy a book every week)**	

Erica says

주어를 I, We, You, They만 사용하면 얼마나 쉽겠어요. 하지만 대화를 하다 보면 우리 부모님이(my parents), 정치인들은(politicians), 사람들은(people), 한국 학생들은(Korean students) 등 주어가 하나 이상의 (I+) 복수형일 때도 있잖아요. 이때도 동사의 형태가 똑같다는 것, 잊지 마세요. 3인칭 단수형은 다음 편에서 다룹니다.

My parents enjoy **jogging**. 우리 부모님은 조깅을 즐기셔요.
Korean students study **hard**. 한국 학생들은 열심히 공부한답니다.

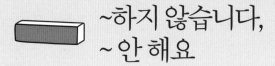

~하지 않습니다, ~안 해요

괄호 안의 주어진 단어를 활용해 문장을 완성해 보세요.
정답은 p. 207.

MP3-**006**

1	나 너 사랑하지 않아.	I don't love you.
	(love you)	

2 나 몰라.
(know)

3 넌 꿈이 없구나.
(have a dream)

4 우리 축구 경기 안 봐요.
(watch soccer games)

5 나 생선 안 먹어.
(eat fish)

6 우리는 택시 안 타요.
(take a taxi)

7 쟤들 일 안 해.
(work)

8 저 커피 안 마셔요
(drink coffee)

9 나 너 안 믿어.
(trust you)

10 나 당신 미워하지 않아.
(hate you)

11 그들은 음악 안 들어요.
(listen to music)

12 나 너 안 보여.
(see you)

Erica says

단순현재랑 짝꿍처럼 잘 쓰이는 단어가 있어요. 음, 마치 짜장면에 필수인 노란 단무지 같다고 할까요?

always 항상 `100%` → usually 주로, 대개 `85%` → often 자주 `75%` → sometimes 가끔 `50%` → rarely 드물게 `25%` → never 전혀 `0%`   *이것들의 이름은 '빈도부사'

I always go on a diet. 나 항상 다이어트해. (always로 인해서 다이어트 행위에 대한 강박적인 느낌)
I never go on a diet. 나 다이어트 절대 안 해. (never로 인해서 다이어트와는 담 쌓고 지내는 평온한 느낌)

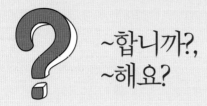 ~합니까?, ~해요?

괄호 안의 주어진 단어를 활용해 문장을 완성해 보세요.
정답은 p. 208.

MP3-**007**

1	(당신) 나 사랑해? (love me)	Do you love me?
2	우리 공부해요? (study)	
3	(당신) 저 좋아하세요? (like me)	
4	우리 농구해요? (play basketball)	
5	(당신) 저 아세요? (know me)	
6	우리 오늘 연습해? (practice today)	
7	(당신) 영어 하세요? (speak English)	
8	(당신) 술 마셔요? (drink)	
9	(당신) 운동하세요? (work out)	
10	걔네들이 저 싫어해요? (hate me)	
11	(당신) 여자친구 있어요? (have a girlfriend)	
12	당신 요리해요? (cook)	

 You can do it

영어에서 가장 많이 사용하는 시제는 현재가 아닌가 싶어요. 이 현재를 가장 많이 사용할 때가 바로 상대에게 뭔가 질문할 때예요. 예를 들어, 호감 가는 상대에게 Do you like movies?(영화 좋아하세요?) Do you enjoy sports?(스포츠 좋아하세요?) 이렇게 말이죠. 또 나에 대해 PR를 하거나, 감정을 얘기할 때 또는 무언가에 대한 사실을 얘기할 때도 많이 사용합니다. I love you.(당신을 사랑해요.-감정), I work in this company.(저 이 회사에서 일해요.-내 PR), I have a dream.(저는 꿈이 있어요.-사실 전달)처럼 말이죠.

Quiz ▶
Be the champion

괄호 안의 주어진 단어
를 활용해 문장을 완성
해 보세요.
정답은 p. 208.

MP3-**008**

---

1 (당신) 이거 좋아해요?

(like this)

Do you like this?

---

2 나 집에서 영어 공부 안 해.

(study English at home)

---

3 우리 잠실에 살아.

(live in Jamshil)

---

4 너 뭐 아이디어 있어?

(have any idea)

---

5 (당신) 나 좋아해요?

(like me)

---

6 나 돈 없어.

(have money)

---

7 (당신) 그녀 사랑해요?

(love her)

---

8 피겨 스케이터들은 매일 훈련을 합니다.

(Figure skaters, train every day)

---

9 국가대표 선수들은 진천 선수촌에 살아요.

(National athletes, live in Jinchoen training village)

---

10 쟤네들이 너 알아?

(know you)

---

11 나 몰라.

(know)

---

12 당신 나 사랑해요?

(love me)

단어가 모여 문장이 되고, 문장이 모여 멋진 회화가 됩니다. 문장을 늘리고 늘려 멋진 paragraph를 만들어 봅시다!
반드시 큰소리로 3번 ~! 정답은 p. 208.

speak up!

**"안녕하세요. 전 Erica예요. 저는 스포츠를 정말 좋아한답니다. (당신) 스포츠 좋아하세요? 스포츠는
재미있고 흥미진진하죠. 저는 스포츠 경기를 항상 봐요. (전) 드라마는 안 보고요."**

정말 좋아하다 love   스포츠 sports   재미있는 fun   흥미진진한 exciting   시청하다 watch
스포츠 경기 sports games   드라마 drama

36

Erica's NOTE

일반동사 관련해 꼭 알아두어야 할 내용을 추렸어요.
꼭 읽어 보세요.

1. 동사만 말해도 통하는 한국어 vs. 반드시 조목조목 밝혀야 하는 영어

우리말은 척하면 척이라 동사 부분만 얘기해도 알아들을 수 있어요. 하지만 영어는 그렇게 하다가는
큰일나요. 꼭 누가 그러는지, 누구를 그러는지 밝혀 줘야 한답니다.

사랑해	vs.	**I love** you. (나는 너를 사랑해.)
미워.	vs.	**I hate** you. (나는 너를 미워해.)
맘에 들어.	vs.	**I like** it. (나는 그게 맘에 들어.)
이리 줘.	vs.	**Give** it to me. (그거 나한테 줘.)
도와주세요.	vs.	**Please help** me. (나를 도와주세요.)

2. 비슷비슷하지만 묘하게 뉘앙스가 다른 단어들

운동하다 work out/exercise/train/practice

work out
근육을 만들기 위해서, gym(체육관)
에서 열심히 땀을 흘리는 당신 ~
이럴 때 사용합니다. 피겨스케이팅
선수들이 점프를 제대로 하려면 체
력을 끌어 올려야겠죠? 그래서 '체
력을 올리다, 몸을 만들다'의 느낌
이에요.

exercise
가볍게 몸을 푸는 느낌의
'운동하다'예요. 가벼운 스
트레칭이나 웜업(warm-
up)을 뜻하죠.
**I try to exercise every
morning for 15 minutes.**
매일 아침 15분 동안 몸을
풀려고 노력해.

train
선수들이 하루하루 목표를 향해 '훈련하다'
의 느낌이에요. 큰 시합을 위해 땀 흘리는
모습을 생각해 보세요!
Every national athlete trains hard.
모든 국가대표 선수들이 열심히 훈련해요.

practice
뭔가 특정한 기술을 연습할 때 씁니다.
I practice my jumps for one hour.
저는 1시간 동안 점프를 연습합니다.

SITUATION 1

**표현하지 않으면 몰라요.
사랑을 속삭일 때는?**

A **I love you Erica.**

Erica, 사랑해.

B **That's so sweet.
I love you too.**

너무 달콤하다. 나도 사랑해.

SITUATION 2

**모르는 건 죄가 아니죠.
솔직하게 모른다고 말할 때는?**

A **What's this?** 이거 뭐야?

B **I don't know.** 볼라.

유사 표현으로 I have no idea. 또는 I don't have
any clue. 로도 표현할 수 있답니다.

동영상 006

SITUATION 3

한가한 사람은 아무도 없어요.
시간이 있는지 물어볼 때는?

A **Do you have time next week?**
다음 주에 시간 있어요?

B **Sorry. I don't have time next week.**
미안해요. 저 다음 주에 시간 없어요.

SITUATION 4

당신을 알고 싶어요.
관심 있는 상대에게 폭풍 질문할 때는?

A **Where do you live? What do you do?**
(당신) 어디 사세요? 무슨 일 하세요?

B **I live in Seoul. What about you?**
전 서울에 살아요. 당신은요?

영어에서 무슨 일하는지 물어볼 때 단어 뜻 그대로 What is your job?이라고 하면 굉장히 딱딱한 표현이랍니다. 듣는 사람에게도 거부감 없고 자연스러운 표현은 What do you do? 또는 What do you do for a living?이에요.

love	_____	차가 필요하다	_____
know	_____	아침에 달리다	_____
figure skater	_____	여자친구가 있다	_____
watch	_____	농구를 하다	_____
basketball	_____	이걸 좋아하다	_____
train	_____	집에서 영어 공부하다	_____
work	_____	아이디어가 있다	_____
trust	_____	돈이 있다	_____
drink	_____	아침을 먹다	_____
hate	_____	지하철을 타다	_____
listen	_____	커피를 마시다	_____
live	_____	맥주를 마시다	_____
hear	_____	여름마다	_____
study	_____	축구 경기를 보다	_____
like	_____	생선을 먹다	_____
practice	_____	음악을 듣다	_____
speak	_____	도시에서 살다	_____
have	_____	스키를 타다	_____
cook	_____	산책하다	_____
run	_____	택시를 타다	_____

3

일반동사 단순현재
She/He/It

일반동사의 여러 시제 중 현재시제가 She/He/It과 연결되는 것을 공부합니다.

동영상 007

LOOK AT THIS!

He loves Erica.
She loves Erica.
It loves Erica.

He doesn't love Erica.
She doesn't love Erica.
It doesn't love Erica.

Does he/she/it love Erica?

현재+3인칭(봐도봐도 늘 헷갈리는 영어의 블랙홀)

윽, 아! 말만 들어도 머리 아프다. 그죠? 영어 초급 학습자들이 가장 많이 좌절하고 포기하는 부분이에요. 여러분뿐만 아니라 우리 선수들도 가장 힘들어했던 것이 바로 이 3인칭이었답니다. 저 에리카가 속 시원하게 풀어드릴게요.

3인칭은 일반적으로 나(I)도 아니고 당신(you)도 아닌, 누군가 자리에 없는 다른 사람을 가리키는 말이에요. 사람 말고 사물도 마찬가지예요. 이런 당사자가 아닌 사람이나 사물이 혼자일 때는 3인칭 단수라고 표현합니다.

현장에 없는 남 얘기할 때는 좀 조심스럽잖아요. 뭔가 조심스럽고 특별한 느낌을 어필할 필요도 있을 것 같고요. 그래서 이렇게 3인칭 단수가 주어 자리에 오면서 현재일 때는 동사에 -s를 붙여 줘요. 부정문도 don't가 아닌 doesn't를 붙이고요. 물어볼 때도 Do가 아닌 Does를 써서 일종의 예우를 해준답니다.

+

I love her. 난 그녀를 사랑해요.
She loves me. 그녀는 날 사랑해요.

−

You don't know me well. 너는 날 잘 몰라.
Erica doesn't know me well.
Erica는 날 잘 몰라.

?

Do you have a boyfriend? 너 남친 있어?
Does Erica have a boyfriend?
Erica 남친 있어?

죽을 때까지 잊지 말아야 할 불멸의 영어 공식
: 3인칭 단수+현재=동사에 -s 붙이기

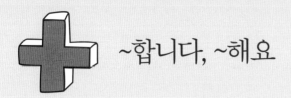 ~합니다, ~해요

괄호 안의 주어진 단어
를 활용해 문장을 완성
해 보세요.
정답은 p. 208.

MP3·**009**

1	그녀는 매일 일해요. (work every day)	*She works every day.*
2	Erica는 샤워해요. (take a shower)	
3	그는 날 사랑해요. (love me)	
4	Megan은 쇼핑하러 가요. (go shopping)	
5	Jason은 매일 TV 봐요. (watch TV every day)	
6	그는 지하철 타요. (take a subway)	
7	Daniel은 꿈이 있어요. (have a dream)	
8	그는 노력을 많이 해요. (try hard)	
9	Erica는 영어 가르쳐요. (teach English)	
10	Erica는 당신이 필요해요. (need you)	
11	우리 팀은 수영하러 가요. (go swimming)	
12	네 룸메이트는 축구를 하네. (Your roommate, play soccer)	

Erica
says

어, have는 haves가 아니네요. 맞아요. have는 3인칭 단수 현재일 때 has가 됩니다.
I have a dream. 나는 꿈이 있어요. She has a dream. 그녀는 꿈이 있습니다.

우리 팀이면 여러 명 있는 거니까 복수 아니냐고요? 영어는 특별한 경우를 제외하고 이렇게 여러 명이 모여서 된 것들
을 3인칭 단수로 본답니다. 대표적인 예로 team(팀), family(가족), department(부서) 등이 있어요.

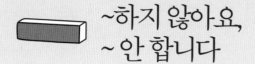 ~하지 않아요,
~ 안 합니다

괄호 안의 주어진 단어를 활용해 문장을 완성해 보세요.
정답은 p. 209.

MP3-**010**

1	그녀는 매일 일 안 해요. (work every day)	She doesn't work every day.

2 그거 상관없어.
(matter)

3 그는 날 사랑하지 않아.
(love me)

4 우리 엄마 그거 모르셔.
(know it)

5 그건 말이 안 돼.
(make sense)

6 내 컴퓨터 작동 안 돼.
(My computer, work)

7 내 룸메이트는 상관 안 해.
(My roommate, care)

8 그 아이는 웃지를 않아요.
(The child, smile)

9 그는 이 상황을 이해 못해요.
(understand this situation)

10 그거 안 아파.
(hurt)

11 우리 선생님은 일 안 해요.
(do her job)

12 우리 코치님은 걱정 안 해.
(worry)

Erica says

'3인칭 단수+현재'면 동사에 -s를 붙인다는 걸 너무 열심히 공부한 여러분 ~. 이렇게 열심히 하신 분들이 실수하는 게 부정문일 때도 doesn't 뒤에 -s가 붙은 동사를 쓴다는 거예요. 그런데 그러면 절대 안 된답니다. 반드시! 반드시! 꼭! -s가 붙지 않은 원래 형태를 써야 해요.

She doesn't love **me. (o) She** doesn't loves **me. (X)** 이렇게 해버리면, 외계어가 됩니다^^

~하세요?,
~합니까?

괄호 안의 주어진 단어를 활용해 문장을 완성해 보세요.
정답은 p. 209.

MP3-**011**

1 그녀는 매일 일해요?
(work every day)

Does she work every day?

2 Erica 운전해요?
(drive)

3 그가 나 좋아해요?
(like me)

4 그거 상관 있어요?
(matter)

5 너네 팀 오전에 훈련해?
(your team, train in the morning)

6 그는 버스 타요?
(take a bus)

7 Daniel 기타 치니?
(play the guitar)

8 그녀는 오빠 있어요?
(have a brother)

9 그녀는 오빠들이 있어요?
(have brothers)

10 그가 감기 걸렸어요?
(have a cold)

11 그가 날 여전히 그리워해요?
(still miss me)

12 네 친구가 여기 사니?
(your friend, live in here)

You can do it

유창한 영어 실력은 국가대표 선수가 되는 것과 같아요. 근육도 단련하고, 테크닉도 배워야 하듯이 영어에 많이 노출(exposure)하고 실수(mistake)하는 것이 결국 영어 근육의 원천이랍니다!
현재 3인칭(단수)를 배우면, 다른 사람에 대해 얘기할 수 있어요. 예를 들어볼게요.
A: Does your mom cook well? 너희 어머니 요리 잘하시니?
B: Yes, my mom loves to cook. 응, 우리 엄마 요리하시는 거 아주 좋아하셔.

1 너네 누나 남자친구 있어?
(have a boyfriend)

Does your sister have a boyfriend?

2 토론토에서는 눈 많이 와요.
(snow a lot in Toronto)

3 너희 남편 생선 좋아해?
(your husband, like fish)

4 Erica 불어 하니?
(speak French)

5 영어는 제게 도움이 많이 되죠.
(help me a lot)

6 그는 나 안 좋아해요.
(like me)

7 Jason은 시간이 없어.
(have time)

8 상관없어.
(matter)

9 우리 남편 담배 안 피워.
(My husband, smoke)

10 Erica는 다이어트를 하죠.
(go on a diet)

11 그녀는 외식 안 해요.
(eat out)

12 말이 안 돼.
(make sense)

speak up!

단어가 모여 문장이 되고, 문장이 모여 멋진 회화가 됩니다. 문장을 늘리고 늘려 멋진 paragraph를 만들어 봅시다!
반드시 큰소리로 3번 ~! 정답은 p. 209

"캐나다는 매우 추워요. 눈이 많이 오고요. 우리 오빠는 캐나다에서 살아요. 오빠는(He) 스포츠를 좋아하지 않죠. 하지만 (그는) 음악을 사랑하죠. 오빠는(He) 재즈 뮤지션이에요. 여러분은 형제자매가 있나요?"

캐나다 Canada   눈이 오다 snow   ~에 살다 live in   좋아하다 like   사랑하다 love
음악 music   뮤지션 musician   형제자매 siblings

Erica's NOTE

일반동사 관련해 꼭 알아두어야 할 내용을 추렸어요.
꼭 읽어 보세요.

주어가 3인칭 단수이면서 현재일 때는 동사를 거기에 맞게 고쳐 줘야 해요. 그런데 이게 원어민이 아닌 한국인들이 보면 조금 어려워요. 그냥 동사에다 -s만 붙이면 되는 게 아니라 뭔가 막 변하고 그런 경우가 있거든요. 헷갈리는 이런 룰! 다시 정리해 보죠.

1. 일반동사: 동사의 75%는 동사 뒤에 그냥 -s만 붙인다.

I work every day alone. 전 매일 혼자 일해요.
She works every day alone. 그녀는 매일 혼자 일해요.

2. y로 끝나면서 y 앞의 철자가 자음일 때는 y를 빼고 -ies를 붙인다.

I cry at night. 전 밤에 운답니다.
She cries at night. 그녀는 밤에 운답니다.

3. 동사가 -sh, -ch, -x, -ss로 끝날 때는 -es가 붙는다.

I watch the drama. 전 그 드라마 봐요.
She watches the drama. 그녀는 그 드라마 봐요.

4. 새로운 모습으로 바뀌는 동사: have → has   go → goes   do → does

I have a dream. 전 꿈이 있어요.
She has a dream. 그녀는 꿈이 있죠.

I go to work at 6. 전 6시에 회사에 가요.
She goes to work at 6. 그녀는 6시에 회사에 가요.

I do my laundry at night. 전 밤에 빨래를 해요.
She does her laundry at night. 그녀는 밤에 빨래를 해요.

SITUATION 1

우리나라가 추우면 다른 나라도 추울까?
다른 나라 날씨가 궁금할 때는?

A **What's the weather
like in Toronto?**
토론토 날씨는 어때요?

R **It snows a lot in
Toronto.**
토론토에서는 눈이 많이 와요.

SITUATION 2

주사 좋아하는 아이는 없죠.
병원에서 주사가 무서운 아이와 실랑이하며

A **I don't want to get a
shot. It hurts.**
나 주사 맞기 싫어요. 아프단 말이에요.

B **No, don't worry. It
doesn't hurt.**
아니야, 걱정하지 마렴. 안 아프단다.

get a shot은 '주사를 맞다'입니다.
정말 맞기 싫다면 I really don't want to get a shot.
이렇게 얘기하면 되겠죠?

SITUATION 3

사랑에 아파 봐야 청춘이다.
사랑에 아파하는 친구에게

A He doesn't love me anymore.
그 사람, 더 이상 나 사랑하지 않아.

B No, it doesn't make sense. I'm sure he still loves you.
아니야, 말도 안 돼. 그가 널 여전히 사랑한다고 나는 확신해.

뭔가 확신에 차서 이야기할 때는 I'm sure로 시작하고 뒤에 문장을 붙이면 돼요.
I'm sure he has a girlfriend.
걔한테 여자친구 있다고 나는 확신해.
I'm sure she speaks French.
그녀가 불어 할 수 있다고 나는 확신해.

SITUATION 4

감기와 이성에 대한 관심은 숨길 수 없다.
관심 있는 이성에 대해 질문할 때는?

A Do you know Josh? I think he's cute.
너 Josh 알아? 걔 괜찮은 거 같아.

B Yeah. He's handsome but I'm sure he has a girlfriend.
응. 걔 잘생겼지. 근데 여자친구 있을 걸.

영어권에서는 남자가 괜찮거나 호감이 살짝 생길 때 He's cute. 라고 표현합니다. '그 사람 귀여워' 이런 느낌보다는 '괜찮네' 이런 느낌이죠!

빵빵한 영어의 비법은 탄탄한 어휘 실력!
영어는 우리말로, 우리말은 영어로 써 보세요.

work		샤워하다	
love		쇼핑하러 가다	
watch		지하철을 타다	
need		꿈이 있다	
matter		노력을 많이 하다	
know		수영하러 가다	
care		축구를 하다	
smile		ᄀᆞᆼ에서 살다	
situation		말이 되다	
hurt		자기 일을 하다	
worry		불어를 하다	
drive		이참에	
like		버스를 타다	
train		기타를 치다	
miss		남자형제가 있다	
snow		일요일에	
husband		시간이 있다	
smoke		다이어트를 하다	
drink		외식하다	
job		형제 자매	

Wh-Question
Training

의문사란?

구체적으로 '누가, 언제, 어떻게, 왜, 어디서, 무엇을' 등 정보를 얻고 싶을 때 쓰는 단어랍니다. wh-로 시작해서 wh-의문사라고 하고요, 이런 wh-의문사가 쓰인 문장을 Wh-의문문(Wh-Questions)이라고 한답니다. 이 wh-의문사로 시작하는 질문은 답이 절대 Yes, No가 될 수 없어요!

Are you hungry? 너 배고파?
→ **Why are you hungry?** 너 왜 배고파? (아까 먹었으면서…)
Do you have time? 시간 있어?
→ **When do you have time?** 언제 너 시간 있어?

When/Where/Why/How/Who/What + be동사 + 주어 ~?
When/Where/Why/How/Who/What + do/does + 주어 + 동사원형?

When 언제 → 시간 정보

When is your birthday? 네 생일 언제야?
When do you wake up? 너 언제 일어나?

Where 어디서 → 장소 정보

Where is her study room? 그녀 공부방은 어디야?
Where does she study? 그녀는 어디서 공부해?

Who 누구 → 사람 정보

Who are you? 너 누구야?
Who do you like? 너 누구 좋아해?

Why 왜 → 이유 정보

Why is she angry? 그녀가 왜 화가 났어?
Why do you cry? 너 왜 울어?

How 어떻게 → 방법 정보

How are you? 잘 지내?
How do I buy Bitcoin? 나 비트코인 어떻게 사?

What 무엇 → 목적, 아이디어, 행위 정보

What is your name? 당신 이름이 뭐예요?
What do you want? 너 뭘 원하는데?

Wh-QUESTION
Be동사 의문문

주어진 단어를 활용해
WH-QUESTION을 만들어 보세요.
정답은 p. 210.

MP3-**013**

1	당신 이름이 뭐예요? **(your name)**	*What is your name?*
2	(당신) 누구야?	
3	어떻게 그들이 중국인이야? **(Chinese)**	
4	누구야 쟤(그녀)? **(she)**	
5	넌 왜 항상 슬프니? **(always sad)**	
6	그녀의 생일이 언제예요? **(her birthday)**	
7	당신 집 어디예요? **(your home)**	
8	당신네 팀 주장이 누구예요? **(your team leader)**	
9	저거 뭐야? **(that)**	
10	이거 왜 이렇게 비싸요? **(this, so expensive)**	
11	너네 새 코치 누구야? **(your new coach)**	
12	네 오빠 어디 있어? **(your brother)**	

Wh-QUESTION
일반동사 의문문

주어진 단어를 활용해
WH-QUESTION을 만들어 보세요.
정답은 p. 210.

MP3-**014**

1	(당신) 왜 나 사랑해요? **(love me)**	*Why do you love me?*
2	(당신) 뭘 원해요? **(want)**	
3	그녀가 필요한 게 뭐야? **(need)**	
4	저는 누구를 신뢰하냐고요? **(trust)**	
5	나 어떻게 살아요? **(live)**	
6	넌 네 친구들 어디서 만나? **(meet your friends)**	
7	그녀가 뭘 알고 있죠? **(know)**	
8	너희 어머니 집에 언제 오셔? **(come home)**	
9	너 여기서 누구 알아? **(know here)**	
10	그가 왜 멈추죠? **(stop)**	
11	(너) 언제 일어나? **(wake up)**	
12	(당신) 회사에 어떻게 가요? **(get to work)**	

우리 한국어에서는 (넌) 잘 지내?, (너) 뭐 해?, (너) 밥 먹었어? 등 상대방에게 물을 때는 '당신' 혹은 '너'를 잘 사용하지 않아요. 하지만 영어에서는 그런 것 없이 무조건 다 사용하는 거 잊지 마세요.

Wh-QUESTION
Be동사 · 일반동사

주어진 단어를 활용해
WH-QUESTION을 만들어 보세요.
정답은 p. 210.

MP3-**015**

1	자녀는 몇 명 있으세요? (How many children, have)	*How many children do you have?*
2	어떤 음악 좋아하세요? (What kind of music, like)	
3	공항은 얼마나 걸리죠? (How long, the airport)	
4	몇 시에 주무세요? (What time, sleep)	
5	여자친구 얼마나 자주 만나? (How often, meet your girlfriend)	
6	그들이 어떤 스포츠 좋아해? (What kind of sports, like)	
7	그거 얼마나 해요? (How much, cost)	
8	(당신) 몇 시에 끝나요? (What time, finish)	
9	너 (돈) 얼마나 쓰니? (How much, spend)	
10	그들이 얼마나 자주 가? (How often, go)	
11	너 몇 시에 집에 와? (What time, get home)	
12	(당신) 얼마나 필요해요? (How much, need)	

How many 얼마나, 몇 (수를 물을 때): How many books + do you have? 책 몇 권 + 있으세요?
How much 얼마나 (양을 물을 때): How much + do you have? 얼마나 + 갖고 있어요?
How long 얼마나 오래 (거리, 시간 물을 때): How long + does it take? 얼마나 오래 + 걸리죠?
How often 얼마나 자주: How often + do you visit your parents? 얼마나 자주 + 부모님을 찾아뵙니?
What time 몇 시에: What time + do you have breakfast? 몇 시에 + 아침밥 먹어요?

Be동사 과거
Was/Were

팔방미인 Be동사의 과거형은 어떻게 쓰는지를 공부합니다.

LOOK AT THIS!

I was
You were
She/He/It was
We were
They were
※ 축약하지 않아요.

I was not = I wasn't
You were not = You weren't
She/He/It was not = She/He/It wasn't
We were not = We weren't
They were not = They weren't

Was I ~?
Were you ~?
Was she/he/it ~?
Were we ~?
Were they ~?

TEACHER'S TIP

과거와 현재가 다른 Be동사의 변신

영어 동사 중에서 가장 변화무쌍한 게 뭔지 아세요? 바로 Be동사예요. 현재형에서 주어에 따라 모습이 바뀌었듯이 과거형에서도 딱 비껴답니다.

Be동사의 현재형
am. are. is입니다. 어제도, 오늘도, 내일도 할 일을 나타내기도 하고, 어떤 사실을 나타낼 때 쓰기도 합니다.

Be동사의 과거형
was. were입니다. 현재형보다 좀 단촐하죠? 과거에 그랬었다! 라는 느낌으로 예전 일을 말할 때 씁니다.
1 + 1은 2이듯이, 다음 Be동사의 결합은 절대 바뀌지 않아요. 기억하세요!

I + was / I am
I was a national player.
니 국가대표 선수였어. (과거)
I am a national player.
나 국가대표 선수야. (현재)

She/He/It + was / She/He/It + is
She was so beautiful. 그녀는 정말 예뻤지. (과거)
She is so beautiful. 그녀는 정말 예뻐. (현재)

We/You/They + were / We/You/They + are
They were so popular.
그들은 매우 유명했어. (과거)
They are so popular.
그들은 매우 유명해. (현재)

 ~였어요,
~였습니다

괄호 안의 주어진 단어를 활용해 문장을 완성해 보세요.
정답은 p. 211.

MP3·**016**

1 나 외로웠어.
(lonely)

I was lonely.

2 그는 영어 선생님이었어요.
(an English teacher)

3 우리는 친구였죠.
(friends)

4 그녀는 피겨 스케이팅 선수였어.
(a figure skater)

5 좋은 하루였어.
(a good day)

6 나 진짜 배고팠었어요.
(really hungry)

7 그녀는 섹시했죠.
(sexy)

8 9시였어요.
(9 o'clock)

9 어제는 더웠어요.
(hot yesterday)

10 시험이 어려웠어요.
(The test, hard)

11 나 인기 많았어.
(popular)

12 그 영화 참 지루했어.
(The movie, so boring)

과거는 과거일 뿐이죠. was/were를 쓰면 딱 과거에 그랬다는 것만 나타내요. 그래서 '나 외로웠다'가 I was lonely.가 되는 거지요.

Erica
says

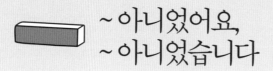 ~ 아니었어요,
~ 아니었습니다

괄호 안의 주어진 단어를 활용해 문장을 완성해 보세요. 정답은 p. 211.

MP3-**017**

1   그거 나 아니었는데.
    (me)

It was not me.

2   우리 행복하지 않았어.
    (happy)

3   그녀는 내 룸메이트 아니었어.
    (my roommate)

4   **Erica** 거기 없었는데.
    (there)

5   우리 준비 안 됐었어.
    (ready)

6   저 슬프지 않았어요.
    (sad)

7   그녀는 현명한 사람이 아니었죠.
    (a wise person)

8   5시 아니었는데.
    (5 o'clock)

9   그는 제 타입이 아니었어요.
    (my type)

10 제 인생이 쉽지는 않았죠.
    (My life, easy)

11 와이파이가 빠르지 않았어요.
    (WiFi, fast)

12 그 호텔이 깨끗하지 않았어요.
    (The hotel, clean)

Erica says

그런데요, 원어민들이 또박또박 was not이나 were not 이렇게 말하기도 하지만, 실제로는 wasn't, weren't처럼 축약해서 말하는 경우가 더 많아요. 영어를 잘하고 싶다고요? 그럼, 축약형에도 익숙해져야 합니다.

was not = wasn't   It wasn't me. 그거 나 아니었다니까.
were not = weren't   They weren't there. 그들은 거기 없었어.

~였나요?, ~였습니까?

괄호 안의 주어진 단어를 활용해 문장을 완성해 보세요.
정답은 p. 211.

MP3-**018**

---

1 제가 좋은 선생님이었나요?
(a good teacher)

Was I a good teacher?

---

2 당신, 국가대표 선수였어요?
(a national athlete)

---

3 그녀가 당신 이웃이었어요?
(your neighbor)

---

4 (당신) 외로웠어요?
(lonely)

---

5 그들이 친절했어요?
(kind)

---

6 (너) 행복했니?
(happy)

---

7 네 여자친구 예뻤어?
(your girlfriend, pretty)

---

8 그들이 캐나다 사람이었어요?
(Canadian)

---

9 어제 눈 왔어요?
(snowy yesterday)

---

10 그거 재미있었어?
(fun)

---

11 8시였어요?
(8 o'clock)

---

12 그가 파리에 있었어?
(in Paris)

You can do it

제가 가르쳤던 선수들은 은퇴 후 외신기자 인터뷰를 할 때, 선수 시절을 회상하며 이 과거형을 많이 애용했답니다.
예를 들어, "금메달 땄을 때 제가 20살이었어요. 훈련은 힘들었죠. 올림픽 때는 매우 떨렸고요." 이렇게 말이죠!
여러분들도, 지나간 과거가 있지요? 첫사랑을 생각하며 "그녀가 참 아름다웠어. 무척 친절했었는데……"처럼
문장을 만들어 볼 수 있겠죠?

괄호 안의 주어진 단어를 활용해 문장을 완성해 보세요.
정답은 p. 212.

MP3-**019**

1	그건 제 꿈이었어요. (my dream)	It was my dream.
2	나 화 안 났었는데. (angry)	
3	너 지각했었어? (late)	
4	내 인생은 끔찍했어. (terrible)	
5	그들은 학생이었어요. (students)	
6	우린 군인이었죠. (soldiers)	
7	너 아팠어? (sick)	
8	너 거기 있었어? (there)	
9	8시 아니었어요. (8 o'clock)	
10	그녀는 한국인 아니었어요. (Korean)	
11	그 호텔은 멀지 않았어. (far)	
12	그녀가 제 아내였었죠. (my wife)	

speak up!

단어가 모여 문장이 되고, 문장이 모여 멋진 회화가 됩니다. 문장을 늘리고 늘려 멋진 paragraph를 만들어 봅시다!
반드시 큰소리로 3번 ~! 정답은 p. 212.

"2010년 밴쿠버 올림픽 때 전 19살이었어요. 올림픽은 매우 중요했죠. 스포츠는 저에게 모든 것이었고요. 훈련은 매우 힘들었고 저는 항상 피곤했어요. 제 목표는 금메달이었습니다."

2010 밴쿠버 올림픽 2010 Vancouver Olympic Games   올림픽 Olympics   모든 것 everything   훈련 training
목표 goal   금메달 a gold medal   중요한 important   힘든 hard   항상 always   피곤한 tired

60

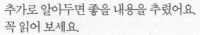

추가로 알아두면 좋을 내용을 추렸어요.
꼭 읽어 보세요.

1. 이왕 쓰는 단어, 더 정확한 뉘앙스로

일반적으로 운동하는 사람을 player라고 표현합니다. 하지만, 운동 선수를 좀 더 전문적으로 표현할 때는 athlete이라고 해요. 여기에 national이 앞에 붙으면? 맞아요. 국가를 대표하여 경기에 출전하는 국가대표 선수라는 의미가 됩니다. a national athlete, 잊지 마세요! 아, national player라고 해도 됩니다.

2. 장소에 있을 때의 필수 요소 in

나 하와이에 있었어, 나 서울에 있었어, 나 미국에 있었지 등 '어떤 장소에'를 표현할 때 그 장소 앞에 in을 붙여 줍니다. 이렇게 ⟨in+장소⟩ 앞에 오는 be동사는 '~입니다'의 뜻보다 '있습니다'의 뜻이지요.

I was in Hawaii last week. 지난주에 나 하와이에 있었어.

I was in Toronto, Canada last year.
작년에 나 캐나다 토론토에 있었어. (장소가 연달아 나올 때는 작은 장소→큰 장소 순으로 말합니다.)

3. 문장을 좀 더 길게 쭉 ~ 늘리기

과거의 기간과 관련해 정보를 더하는 방법을 알아보아요.

지난 몇 년 간 / 몇 개월 간 / 몇 시간 동안 / 몇 분 간 = for the last[past] ~

그는 서의 동료였죠+지난 4년 간
He was my co-worker + for the past 4 years
He was my co-worker for the past 4 years.

그들은 국가대표 유도 선수들이었죠+지난 6년 간
They were national Judo players + for the last 6 years
They were national Judo players for the last 6 years.

이럴 땐 이렇게!

SITUATION 1

억울하면 밤에 잠 못 자요.
억울한 상황을 표현할 때

A **Was it you?** 그게 너였어?

B **No, it wasn't me.**
It was my sister.
아니, 나 아니었어, 내 여동생이었다고.

Was it you?라고 물었을 때 그렇다고 할 때
는 Yes, it was me.(응, 나였어.), 내가 아닌
억울한 상황일 때는 No, it wasn't me.(아
니, 나 아니었어.) 이렇게 말하면 됩니다.

SITUATION 2

하는 행동이 남달라.
출생지를 묻고 싶을 때는?

A **Where were you born?**
너 어디서 태어났어?

B **I was born in a small town.**
나 작은 마을에서 태어났어.

Where are you from? 표현 들어보셨죠? 얘는 '어디
서 왔니?' 라는 느낌으로 꼭 출생지를 묻는 게 아닐
수도 있어요. 하지만 Where were you born?이라고
하면 '어디서 태어났어?'로 출생지를 콕 찍어 묻는 질
문이에요.

SITUATION 3

준비 여부를 상대에게 물을 때는?

A **Were you ready?**
당신, 준비됐었나요?

B **No. I wasn't ready.
I was so nervous.**
아니요. 저 준비 안 됐었어요. 저 정말 떨렸답니다.

우리 국가대표 선수들이 외신기자와 인터뷰할 때 가장 많이 사용하는 문장이 뭔지 아세요? 바로 I was so nervous. 랍니다. 시합 끝나고, 기자가 "경기 전 어땠나요?" 라고 물을 때 이렇게 대답하죠.

SITUATION 4

**과거는 과거일 뿐.
가슴 아픈 상황도 담담하게**

A **Wow! She's gorgeous.
Who is she?**
우와! 저 여자 끝내준다. 누구야 저 여자?

B **She was my girlfriend.**
쟤 내 여자친구였어.

영어권에서 여성에게 칭찬을 할 때, She's pretty. (예쁘다)보다는 She's beautiful. (아름답다)가 더 바른 표현입니다. 더 나아가 외모뿐만 아니라 '(분위기, 느낌 등을 통 틀어서) 매력적이다' 라고 얘기할 때는 She's gorgeous. (끝내준다) 라고 표현한답니다.

빵빵한 영어의 비법은 탄탄한 어휘 실력!
영어는 우리말로, 우리말은 영어로 써 보세요.

lonely	_____	영어 선생님	_____
friend	_____	피겨스케이팅 선수	_____
hungry	_____	뉴욕	_____
sexy	_____	파리	_____
hot	_____	동료	_____
yesterday	_____	무거운	_____
hard	_____	아내, 부인	_____
popular	_____	먼, 멀리 떨어진	_____
boring	_____	한국인	_____
roommate	_____	군인	_____
clean	_____	끔찍한	_____
fast	_____	지각한, 늦은	_____
easy	_____	화난	_____
type	_____	나의 꿈	_____
wise	_____	캐나다인	_____
sad	_____	예쁜	_____
there	_____	이웃	_____
happy	_____	현명한 사람	_____
fun	_____	금메달	_____
snowy	_____	중요한	_____

5

일반동사 규칙 단순과거
일반동사 + (e)d

일반동사 중 규칙 동사의 단순과거 쓰임을 공부합니다.

동영상 013

LOOK AT THIS!

I love you.
나 너 사랑해.

She loves you.
그녀는 널 사랑해.

I loved you.
나 너 사랑했었다.

She loved you.
그녀는 널 사랑했어.

I don't love you.
나 너 사랑하지 않아.

She doesn't love you.
그녀는 널 사랑하지 않아.

I didn't love you.
난 너 사랑하지 않았어.

She didn't love you.
그녀는 널 사랑하지 않았어.

Do I love you?
내가 너를 사랑하냐고?

Does she love you?
그녀가 널 사랑해?

Did I love you?
내가 너를 사랑했었냐고?

Did she love you?
그녀가 너를 사랑했었어?

TEACHER'S TIP

주어가 상관있는 현재시제 vs. 주어가 상관없는 과거시제

이번에는 과거에 이미 끝난 사실 '~했었다' 라고 할 수 있는 과거 시제입니다.
이 과거시제는 과거를 회상하며 '나 캐나다에서 살았었어.' 이렇게 얘기할 때 사용할 수 있어요. 동사에 -(e)d를 기본적으로 붙여준다고 생각하면 돼요.

I love you.
나 너 사랑해. (현재)

I loved you. 나 너 사랑했다.
(과거에는 그랬지만 현재는 ㅠㅠ)

이 과거시제는 주어가 뭐든 모습이 변하지 않아요. 되게 단촐하죠? 그런데 한 가지, 안 좋은 게 있어요. 동사 뒤에 -ed 만 붙여서는 절대 과거형이 안 되는 동사들이 많거든요. 애네들은 어떡하냐고요? 그냥 외우는 수밖에 별 도리가 없답니다.

go 가다 ― go+ed (X)
　　　　　went (O) (불규칙)

I went to your house yesterday.
나 어제 너네 집에 갔었어.

come 오다 ― come+ed (X)
　　　　　came (O) (불규칙)

My father came home at 6 o'clock.
아빠는 6시에 집에 오셨다.

과거시제의 부정문은 don't나 doesn't 대신 didn't를.
과거시제 의문문은 Do나 Does 대신 Did만 붙이면 간단하게 만들 수 있어요.

66

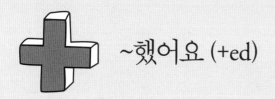 ~했어요 (+ed)

괄호 안의 주어진 단어를 활용해 문장을 완성해 보세요.
정답은 p. 212.

MP3-**020**

1	전 캐나다에서 살았어요. **(live in Canada)**	I lived in Canada.
2	저희는 그 경기를 즐겼죠. **(enjoy the game)**	
3	나 30분간 통화했어. **(talk on the phone for 30 minutes)**	
4	우리 한 시간 기다렸어. **(wait for one hour)**	
5	그녀가 날 도와줬어. **(help me)**	
6	그가 어제 나한테 전화했어. **(call me yesterday)**	
7	우리가 그녀 초대했었어. **(invite her)**	
8	너 나랑 약속했잖아. **(promise me)**	
9	우리 엄마가 전화를 받았어. **(answer the phone)**	
10	어제 비가 왔어. **(rain yesterday)**	
11	그 피겨 선수가 점프했습니다. **(jump)**	
12	그가 차를 세웠어요. 스펠링 주의 **(stop the car)**	

Erica says

동사 뒤에 -ed 붙이는 것도 생각보다 까다로워요. 틀려도 좋으니까 자꾸 보면서 익히시면 돼요.

Rule 1 대부분의 동사는 과거 뒤에 -ed
start ⟶ start**ed** kill ⟶ kill**ed**

Rule 2 동사가 -e로 끝나면 -d만
agree ⟶ agree**d** like ⟶ like**d**

Rule 3 모음＋자음으로 끝나면서 강세를 받을 때는 자음 하나 더 쓰고 + -ed
stop ⟶ stop**ped** plan ⟶ plan**ned**

Rule 4 자음 +y로 끝나면 y를 빼고 -ied 붙이기
try ⟶ tr**ied** carry ⟶ carr**ied**

UNIT 5 67

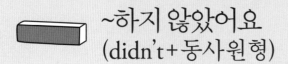 ~하지 않았어요
(didn't+동사원형)

괄호 안의 주어진 단어
를 활용해 문장을 완성
해 보세요.
정답은 p. 212.

MP3-**021**

1	저 중국에서 살지 않았어요. (live in China)	I didn't live in China.
2	우리는 스포츠를 즐기지 않았어요. (enjoy sports)	
3	그들은 개 좋아하지 않았어요. (like a dog)	
4	그 콘서트는 시작되지 않았어요. (The concert, start)	
5	내 남자친구는 날 도와주지 않았어요. (My boyfriend, help me)	
6	나 그거 안 했어. (do it)	
7	난 그녀 초대하지 않았어요. (invite her)	
8	난 누구하고도 약속 안 했어요. (promise anyone)	
9	우리가 요리 안 했는데요. (cook)	
10	그들은 춤추지 않았어요. (dance)	
11	그 배구 선수는 미소 짓지 않았습니다. (The volleyball player, smile)	
12	우리 아무것도 안 샀어. (buy anything)	

Erica
says

과거 부정문은 무조건 〈didn't + 동사원형〉을 딱 넣으면 포맷이 완성돼요!

I didn't **do it**. 전 그거 안 했어요.
I didn't **sleep**. 저 잠 안 잤어요.

5년 전이든, 5개월 전이든, 5일 전이든 심지어 5분 전이라도 과거에 일어나고 이미 끝난 사건을 말할 때 쓰는 과거
시제! 참 쉽죠?

~했었나요?
(Did+주어+동사원형 ~?)

괄호 안의 주어진 단어를 활용해 문장을 완성해 보세요.
정답은 p. 213.

MP3-**022**

1	그녀가 왔어요? (come)	*Did she come?*
2	너 나한테 전화했었어? (call me)	
3	제가 실수했어요? (make a mistake)	
4	그거 네가 한 거야? (do it)	
5	그녀가 울었어? (cry)	
6	그들이 포기했어? (give up)	
7	그가 차 샀어? (buy a car)	
8	너 거기 갔었어? (go there)	
9	그녀가 그렇게 얘기했어? (say that)	
10	그들이 너한테 전화했었어? (call you)	
11	너 어제 술 많이 마셨었어? (drink a lot yesterday)	
12	너 숙제 다했어? (finish your homework)	

You can do it

이 과거시제가 익숙해졌다면, 과거의 동작, 습관, 경험 등을 얘기할 수 있어요. 과거시제를 꼭 먼 과거 일에만 쓰는 것 아니에요. 방금 숙제를 끝낸 친구에게 "너 숙제 끝냈어?" 등으로 물어볼 수도 있지요. 또 고된 훈련을 끝낸 선수가 행복한 얼굴로 이렇게도 얘기할 수 있답니다.
I just finished my training! 나 훈련 끝났다!

1 (당신) 메일 보냈어요?
   (send the e-mail)   *Did you send the e-mail?*

2 너 나한테 전화했어?
   (call me)

3 Max는 아무것도 적지 않았어.
   (write anything)

4 나 프로젝트 끝냈다.
   (finish my project)

5 그녀는 그 아이디어 맘에 들어하지 않았어.
   (like the idea)

6 우리는 그를 따라갔지.
   (follow them)

7 그는 아무것도 마시지 않았어.
   (drink anything)

8 그가 축구했니?
   (play soccer)

9 어제 비 왔어?
   (rain yesterday)

10 눈 안 왔는데.
    (snow)

11 그녀는 아무 말도 하지 않았어.
    (say anything)

12 그가 방 치웠어?
    (clean the room)

speak up!

단어가 모여 문장이 되고, 문장이 모여 멋진 회화가 됩니다. 문장을 늘리고 늘려 멋진 paragraph를 만들어 봅시다!
반드시 큰소리로 3번 ~! 정답은 p. 213.

"나 어제 너한테 전화했는데, 너 전화 안 받더라. 걱정했어! 어제 바빴니? 난 혼자 영화 봤는데… 나 외
로웠단 말이야 ㅜㅜ"

전화하다 call   전화 받다 pick up the phone   걱정하다 worry   바쁜 busy   영화 보다 watch a movie
혼자 alone   외로운 lonely

70

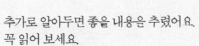 추가로 알아두면 좋을 내용을 추렸어요.
꼭 읽어 보세요.

1. 단어 그대로 직역하면 원어민들은 이해 못해요.

예를 들어 '다이어트 하다'를 직역하면 do on a diet입니다. 하지만 이렇게 말하면요, 사람 우스워지는
건 한순간이에요. 반드시 go on a diet 라고 해야 합니다.
'어! 뭔가 생각했던 거랑 다른 표현이네' 하는 것들은 하나의 덩어리로 받아들이는 게 좋아요!
go on a diet가 '다이어트를 하다'니까 과거형은 뭘까요? went on a diet겠죠!

2. 문장을 더 길게 쭉~ 늘리기

사실, 우리가 문장 만들기 훈련을 하고 있지만 너무 짧은 문장만 하면 어린아이 영어에 머물러 있을 수
있어요. 그래서 문장에 살을 보태어 조금씩 길게 확장하는 훈련이 필요해요.

I finished my project 나 프로젝트 끝냈다 + all by myself 내 스스로/내 힘으로
I finished my project all by myself. 나 내 힘으로 프로젝트 끝냈어.

Did you finish the homework 너 숙제 끝냈어? + all by yourself 혼자 스스로
Did you finish the homework all by yourself? 너 숙제 혼자 스스로 끝냈어?

SITUATION 1

완전히 변해 버린 친구의 외모.
다이어트했냐고 물을 때는?

A **Wow, you look gorgeous. Did you go on a diet?**
이야, 너 진짜 멋져 보여. 다이어트했던 거야?

B **Yes, I lost about 10 pounds.**
응, 나 한 10파운드 뺐어.

북미에서 몸무게는 킬로그램(kg) 아닌 파운드 (lb)로 말해요. 1kg는 약 2 lb입니다.

SITUATION 2

할인 없이 그냥 산다고?
알뜰살뜰 쇼핑족에게는 어림없어요!

A **How was the holiday-shopping? Did you guys buy something?**
연휴 쇼핑 어땠어? 뭐 좀 샀어?

B **No. Nothing was on sale. We didn't buy anything.**
아니. 세일하는 게 없더라고. 우리 아무것도 안 샀어.

외국 여행가서 쇼핑하실 때 사용할 수 있는 아주 유익한 표현 be on sale(할인하다)가 나왔네요. 맘에 드는 물건을 발견했다! 그럼, 손가락으로 가리키며 큰 소리로 Is this on sale?이라고 물어보세요.

SITUATION 3

자기 전화는 내가 전화할 때마다
통화 중이더라!

A I called you yesterday. Your phone was busy.
나 어제 너한테 전화했어. 너 통화 중이던데.

B Yeah. I talked on the phone for 30 minutes.
응. 나 30분 간 전화통화 했었어.

"나 바빠"라고 할 때 I'm busy.라고 표현하
죠? 그런데 The phone is busy. 전화기가
바쁘대요. 전화기가 바쁜 게 말이 되나요?
릴랙스~. 이때는 '통화 중인'의 뜻이랍니다.

SITUATION 4

다 알고 있던 그 소식
넌 혹시 들었던 거니?

A Did you hear that news?
너 그 소식 들었어?

B Yes, she's going to retire soon.
응. 그녀가 곧 은퇴한다네.

뭔가 놀라운 소식을 접하고서 상대에게도
"너 들었니?" 라고 물을 때는 Did you hear
that? 또는 Did you hear that news? 이렇
게 질문할 수 있어요.

단어의 힘

빵빵한 영어의 비법은 탄탄한 어휘 실력!
영어는 우리말로, 우리말은 영어로 써 보세요.

enjoy	_____	~에서 살다	_____
help	_____	통화하다	_____
call	_____	한 시간 기다리다	_____
invite	_____	전화를 받다	_____
promise	_____	차를 세우다	_____
jump	_____	실수하다	_____
love	_____	포기하다	_____
start	_____	차를 사다	_____
cook	_____	거기에 가다	_____
dance	_____	그렇게 말하다	_____
volleyball	_____	술 많이 마시다	_____
smile	_____	숙제를 끝내다	_____
buy	_____	집에 가다	_____
cry	_____	이메일을 보내다	_____
say	_____	축구하다	_____
finish	_____	아이디어, 생각	_____
write	_____	다이어트하다	_____
project	_____	방을 치우다	_____
follow	_____	아이디어를 맘에 들어 하다	_____
clean	_____	영화를 보다	_____

UNIT

6

일반동사 불규칙 단순과거

일반동사 중 불규칙 동사의 단순과거의 쓰임을 공부합니다.

LOOK AT THIS!

go - went
have - had
take - took
make - made
say - said

I didn't go. 나 안 갔어.
She didn't have it.
그녀는 그거 가지고 있지 않았어.
They didn't take it.
그들은 그거 가져가지 않았어.

Did you go? 너 갔어?
Did she have it?
그녀가 그거 가지고 있었어?
Did they take it?
그들이 그거 가져갔어?

TEACHER'S TIP

영어 중급으로 가는 첫 관문, 불규칙 동사 과거형

이번에는 동사에 -ed를 붙이지 않고, 아예 상상할 수도 없게 바뀌어서 우리를 당황하게 하는 불규칙 동사들을 배울 거예요. 다행히도 이런 예외가 많지는 않아요. 특히 널리 쓰이는 비교적 쉬운 영어 동사에 불규칙이 유달리 많지요. 어려운 동사일수록 과거는 -ed가 많이 붙는 거 같아요. 이 불규칙 과거를 확실히 익혀야 중급으로 스무드하게 넘어갈 수 있으니, 확실히 익혀두자구요!

(+) I made a mistake.
나 실수했어.

(−) I didn't make a mistake.
나 실수하지 않았어.

(?) Did I make a mistake?
나 실수했어?

가장 많이 사용하는 불규칙 동사 Top 8

1. go 가다 – went 갔다   goed (x)
2. have 가지다 – had 가졌다   haved (x)
3. get 얻다 – got 얻었다   geted (x)
4. come 오다 – came 왔다   comed (x)
5. make 만들다 – made 만들었다   maked (x)
6. do 하다 – did 했다   doed (x)
7. buy 사다 – bought 샀다   buyed (x)
8. take 가져가다 – took 가져갔다   taked (x)

* 이렇게 불규칙 동사에 -ed를 넣으면 완전 외계어가 되겠죠?

 ~했어요 (불규칙)

괄호 안의 주어진 단어를 활용해 문장을 완성해 보세요. 정답은 p. 213.

MP3-**024**

1 나 공부 시작했어.
   (began my study: ← begin)

   I began my study.

2 그녀가 컵을 깼어.
   (broke the cup: ← break)

3 그들이 집을 지었어.
   (built the house: ← build)

4 **Erica** 어제 왔어.
   (came yesterday: ← come)

5 그거 내가 했어.
   (did it: ← do)

6 우리 너무 많이 마셨어.
   (drank too much: ← drink)

7 네가 그거 먹었잖아.
   (ate it: ← eat)

8 미안해. 깜박했어.
   (forgot: ← forget)

9 우리 엄마가 그거 나한테 주셨어.
   (gave it to me: ← give)

10 그들은 병원에 갔어요.
    (went to the hospital: ← go)

11 우리 그 소식 들었어요.
    (heard the news: ← hear)

12 내가 예약했어.
    (made a reservation: ← make)

Erica says

과거 불규칙이 헷갈려도 어쩌겠습니까? 우리가 새 언어를 창조하지 않는 이상, 영어의 룰을 따르는 수밖에요. 그런데 왜 불규칙이 있을까요? 사실 언어는 말 체계가 먼저 잡히고 문법 체계가 잡힌 거예요. 영어도 그렇고요. 그러다 보니, 동사에 -ed가 붙으면 발음이 되레 어려운 단어들이 있었기에 변하고 변해서 지금의 영어가 되었답니다.
win - wined: 뭔가 피곤하고 와인(wine)에다 d를 붙인 것 같고 그래서 깔끔하게 won!
go - goed: 뭔가 고드름도 아니고 발음도 이상하고, 스펠링도 영어 같은 느낌이 안 나서 깔끔하게 went!

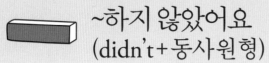

~하지 않았어요
(didn't + 동사원형)

괄호 안의 주어진 단어를 활용해 문장을 완성해 보세요. 정답은 p. 214.

MP3-**025**

1	그녀는 차 안 팔았어요. **(sell the car)**	She didn't sell the car.
2	우리 파티에 안 갔어요. **(go to the party)**	
3	그는 챔피언이 안 됐어요. **(become the champion)**	
4	나 아무것도 안 깼는데. **(break anything)**	
5	쟤네들 아무것도 안 가져왔어. **(bring anything)**	
6	저는 그거 안 했어요. **(do it)**	
7	그녀는 돈 지불 안 했어요. **(pay the money)**	
8	저 개한테 먹이 안 줬어요. **(feed the dog)**	
9	우리 아무것도 찾지 못했어. **(find anything)**	
10	나 까먹지 않았어. **(forget)**	
11	우리 엄마는 메시지 못 받으셨어. **(get the message)**	
12	우리 아무것도 안 샀어. **(buy anything)**	

과거 부정문은 무조건 didn't에 동사원형을 "딱" 넣으면 완성되는 거 기억하시죠? 불규칙이든, 규칙이든 예외 없습니다. 기본 틀이 익숙해지면 과거만큼 쉬운 시제도 없답니다.

Erica says

~했었나요?
(Did+주어+동사원형 ~?)

괄호 안의 주어진 단어를 활용해 문장을 완성해 보세요.
정답은 p. 214.

MP3-**026**

---

1 그녀가 사무실에 왔어요?
(come to the office)

Did she come to the office?

---

2 너 회사에 운전하고 갔어?
(drive to work)

---

3 제가 또 실수했나요?
(make a mistake again)

---

4 그거 너 혼자서 한 거야?
(do it alone)

---

5 그가 결승전에서 졌어?
(lose the final game)

---

6 그들이 포기했어?
(give up)

---

7 그가 차 샀어 허락도 없이?
(buy a car, without permission)

---

8 너 혼자 갔었어?
(go alone)

---

9 걔네들 2주 전에 헤어졌니?
(break up, 2 weeks ago)

---

10 너 약 먹었니?
(take medicine)

---

11 너 술 많이 마셨어 어젯밤에?
(drink a lot last night)

---

12 너 뭐 좀 먹었니?
(eat something)

You can do it

간혹 Did 대신 Didn't로 시작하는 질문이 있어요. 뭔가 강조하면서 '~인 거 아니었어?' 라는 느낌을 주죠.
Did you study? 너 공부했니? **vs. Didn't you study**? 너 공부한 거 아니었어?
Did you learn that in school? 너 그거 학교에서 배웠어? **vs.**
Didn't you learn that in school? 너 그거 학교에서 배운 거 아니었어?

1 너 그거 먹었어?
(eat that)

Did you eat that?

---

2 나 그거 안 먹었는데.

---

3 나 너무 많이 먹었어.
(ate too much ← eat)

---

4 그들은 학교에 갔어요.
(went to school ← go)

---

5 그들은 학교에 갔어요?

---

6 그녀는 시간이 없었어요.
(have time)

---

7 나 열쇠 찾았다.
(found the key ← find)

---

8 나 잘 잤어.
(slept well ← sleep)

---

9 우리 잘 못 잤어.

---

10 잘 주무셨어요? / 잘 잤어?

---

11 내가 저 창문 깼어.
(broke that window ← break)

---

12 **Megan**이 이 새 시계 샀어.
(bought this new watch ← buy)

단어가 모여 문장이 되고, 문장이 모여 멋진 회화가 됩니다. 문장을 늘리고 늘려 멋진 paragraph를 만들어 봅시다!
반드시 큰소리로 3번 ~! 정답은 p. 214.

speak up!

"Erica, 너 어제 그 경기 봤니? 그녀가 정말 아름다웠어. 그녀는 최고의 여성 스포츠인이야. 그녀의 연기는 놀라웠어. 그녀는 정말 최고였어."

경기 game, match (*피겨 스케이팅이나, 리듬체조 같은 연기가 있는 경기는 performance),
아름다운 beautiful   최고의 best   여성 스포츠인 woman athlete   놀라운 amazing   정말 최고인 the best of all

불규칙 동사 관련해 꼭 알아두어야 할 내용입니다.
꼭 읽어 보세요.

1. 현재든 과거든 전~혀 안 바뀌는 신기한 동사

현재	과거	뜻
cut	cut	자르다 / 잘랐다
hit	hit	치다 / 쳤다
set	set	놓다 / 놓았다
bet	bet	내기하다 / 내기했다
cost	cost	(값, 비용이) 이다 / ~였다
hurt	hurt	다치다, 아프다 / 다쳤다, 아팠다
quit	quit	그만두다 / 그만뒀다

2. 알아두면 나머지 영어 인생이 편해지는 불규칙 동사

현재	과거	뜻
begin	began	시작하다 / 시작했다
bring	brought	가져오다 / 가져왔다
catch	caught	잡다 / 잡았다
fall	fell	넘어지다, 떨어지다 / 넘어졌다, 떨어졌다
find	found	찾다 / 찾았다
give	gave	주다 / 주었다
hear	heard	듣다 / 들었다
know	knew	알다 / 알았다
write	wrote	적다 / 적었다
tell	told	말하다 / 말했다
think	thought	생각하다 / 생각했다
ring	rang	(벨이) 울리다 / (벨이) 울렸다
win	won	이기다 / 이겼다
sit	sat	앉다 / 앉았다
sleep	slept	자다 / 잤다
lose	lost	지다 / 졌다
leave	left	떠나다 / 떠났다

SITUATION 1

친구의 심기가 뭔가 불편해 보인다면?

A **What's wrong? Did I do something wrong?**
무슨 일이야? 내가 뭐 잘못하기라도 했어?

B **No, it's not about you.**
아니야, 너랑 관련된 거 아니야.

상대가 기분이 안 좋아 보이는데 그냥 지나치는 것도 예의는 아니죠. Did I do something wrong? 외에 What's wrong? 또는 What's the matter?, What happened? 이렇게 물어볼 수도 있어요!

SITUATION 2

**이렇게 억울할 때가!
내가 그거 한 거 아니라고요!**

A **Oh, my. Who broke the window?**
세상에나. 누가 저 창문 깬 거야?

B **I don't know. I didn't do it.**
몰라요. 내가 한 거 아니에요.

내가 안 했는데도 내가 했다고 몰릴 때 너무 억울하죠? 그때는 이렇게 외치세요!
I didn't do it. (내가 안 했어요.) 또는 It wasn't me. (나 아니라고요.)

SITUATION 3

관심이 있으니까 회사에 어떻게
오는지도 궁금해지네.

**A How did you get to
work?**
회사에 어떻게 왔어요?

**B It was raining so
I drove to work.**
비가 오길래 저 차 몰고 회사 왔어요.

How did you+동사원형 ~? (어떻게 ~했어
요?), 과거와 관련해서 굉장히 많이 쓰이는
영어 패턴이니 차곡차곡 알아두세요.

SITUATION 4

누군가를 만났는지 질문할 때는?

**A Did you meet your
new coach?**
새 코치님 만나 봤어?

**B Yes, I just met her.
She was very
generous.**
응, 나 방금 그 분 만났어. 굉장히 인자하시더라.

누군가를 만났는지 물을 때는 Did you
meet+대상 ~? 이렇게 사용하면 돼요.

빵빵한 영어의 비법은 탄탄한 어휘 실력!
영어는 우리말 뜻과 과거형 시제로, 우리말은 영어로 써 보세요.

begin	_____	병원에 가다	_____
break	_____	예약하다	_____
build	_____	그 소식을 듣다	_____
come	_____	파티에 가다	_____
do	_____	챔피언이 되다	_____
drink	_____	돈을 내다	_____
eat	_____	개에게 먹이를 주다	_____
forget	_____	메시지를 받다	_____
give	_____	운전하고 회사 가다	_____
go	_____	허락 없이	_____
hear	_____	혼자 가다	_____
make	_____	약을 먹다	_____
win	_____	뭔가를 먹다	_____
know	_____	집에 가다	_____
become	_____	너무 많이 먹다	_____
bring	_____	시간이 있다	_____
get	_____	잘 자다	_____
cut	_____	새 시계를 사다	_____
buy	_____	창문을 깨다	_____
take	_____	학교에 가다	_____

Wh-Question
Training

과거시제와 Wh-Question의 결합

When/Where/Why/How/Who/What + was/were + 주어 ~?

When/Where/Why/How/Who/What + did + 주어 + 동사원형 ~?

When 언제 → 시간 정보

When **did you go**? 너 언제 갔어?
When **did she finish**? 그녀가 언제 끝냈지?

Where 어디서 → 장소 정보

Where **did he go**? 그가 어디로 갔지?
Where **did you eat**? 너 어디서 먹었어?

Why 왜 → 이유 정보

Why **did you give up**? 너 왜 포기했니?
Why **did they stop**? 왜 그들이 그만뒀지?

How 어떻게 → 방법 정보

How **did you learn**? 너 어떻게 배웠어?
How **did he come**? 그가 어떻게 왔지?

Who 누구 → 사람 정보

Who **was she**? 그녀가 누구였어?
Who **did you go with**? 너 누구랑 갔었어?

What 무엇 → 목적, 아이디어, 행위 정보

What **was your name**? 당신 이름이 뭐였죠?
What **did you say**? 너 뭐라고 했어?

Wh-QUESTION
Be동사 · 일반동사

주어진 단어를 활용해
WH-QUESTION을 만들어 보세요.
정답은 p. 215.

MP3-**028**

---

1 저 사람 누구였지?
(Who, that man)

Who was that man?

---

2 저거 뭐였지?
(What, that)

---

3 너 그거 어디에 두었어?
(Where, put it)

---

4 그녀가 언제 갔죠?
(When, go)

---

5 너 뭐 했어?
(What, do)

---

6 너 언제 샤워했어?
(When, take a shower)

---

7 그녀가 언제 일어났어?
(When, wake up)

---

8 당신이 가장 좋아한 선수가 누구였지?
(Who, your favorite athlete)

---

9 당신이 가장 좋아했던 영화가 뭐였지?
(What, your favorite movie)

---

10 당신 주말은 어땠어요?
(How, your weekend)

---

11 당신 학교는 어땠어요?
(How, your school)

---

12 당신 회사는 어땠어요?
(How, your work)

주어진 단어를 활용해
WH-QUESTION을 만들어 보세요.
정답은 p. 215.

MP3-**029**

| 1 | 너 뭐라고 했어?
(What, say) | What did you say? |

2 그들이 다른 사람들한테 뭐라고 말했어?
(What, tell other people)

3 너 전화번호가 뭐였지?
(What, your phone number)

4 너 나한테 어제 왜 전화했어?
(Why, call me yesterday)

5 그녀가 집에 언제 왔지?
(When, come home)

6 너 어디 있었어 어제?
(Where, be yesterday)

7 너 왜 그리 피곤했니?
(Why, so tired)

8 Erica가 왜 기다렸어?
(Why, wait)

9 크리스마스 어땠어?
(How, your Christmas)

10 왜 우리가 경기에서 졌을까?
(Why, lose the game)

11 그녀의 이름이 뭐였더라?
(What, her name)

12 당신 생일 언제였지?
(When, your birthday)

Wh-QUESTION
복합 의문사

주어진 단어를 활용해
WH-QUESTION을 만들어 보세요.
정답은 p. 215.

MP3-**030**

1 (너 돈) 얼마나 냈어?
(How much, pay)

How much did you pay?

2 (너) 몇 시에 전화했어?
(What time, call)

3 (너) 얼마나 자주 공부했어?
(How often, study)

4 (당신) 무슨 색 샀어요?
(What color, buy)

5 (당신) 얼마나 오래 기다렸어요?
(How long, wait)

6 당신 얼마나 많이 나 그리워했어요?
(How much, miss me)

7 너 몇 시에 왔어?
(What time, come)

8 그가 얼마나 자주 축구를 했어?
(How often, play soccer)

9 그녀가 어떤 색을 좋아했나요?
(What color, like)

10 그들이 얼마나 길게 훈련했나요?
(How long, train)

11 그들이 어떤 색을 골랐나요?
(What color, pick)

12 (너) 얼마나 오래 스케이트 탔어?
(How long, skate)

UNIT

7

단순미래
Will

미래를 나타내는 대표적인 표현 will의 쓰임을 공부합니다.

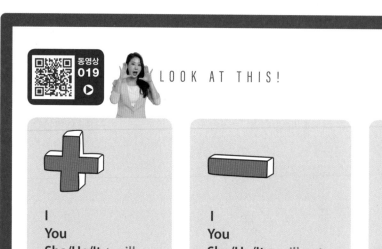

LOOK AT THIS!

동영상 019

+	−	?
I You She/He/It + will We They	I You She/He/It + will not We They *will not = won't	I you Will + she/he/it ~? we they

---

미래 하면 바로 떠오르는 will '~할 거야'

우리말 동사와 달리 영어 동사는 혼자서는 미래를 표현할 수가 없어요. 그래서 미래를 표현할 때는 꼭 will의 도움이 필요하지요. 이 아이가 들어갈 위치는 주어와 동사 사이랍니다. 그 사이에 쏙 넣어서 쓰면 되지요. '나 당신 사랑해.'는 영어로 뭐죠? I love you.예요. 그럼 지금은 아니지만 미래에는 '널 사랑할 거야.'라고 말하고 싶다면 I will love you.라고 표현하면 됩니다. 이 will은 주어가 뭐든 상관없이 그냥 will이에요. 쉽죠? 그래서 긍정일 때는 I will. 부정일 때는 I will not. 질문할 때는 Will I ~? 이렇게 포맷을 만들어 주세요.

(+) **You** will **love me forever.**
당신은 날 영원히 사랑할 거예요.

(−) **You** will not (=won't) **love me forever.**
당신은 날 영원히 사랑하지 않을 거예요.

(?) **Will you** love me forever?
당신은 날 영원히 사랑할 건가요?

TEACHER'S TIP

그럼, will은 정확하게 언제 사용할까요?

1. 미래에 있을 혹은 할 일에 대한 강한 의지 전달

I will **do it.** 내가 그거 할 거야.
We will **win the trophy.**
우리가 우승컵을 차지할 거야.

2. 즉각적으로 지금 결정한 미래의 일을 표시

I will **call you later.** 이따가 전화할게.
They will **go there tomorrow.** 내일 그들이 거기 갈 거야.

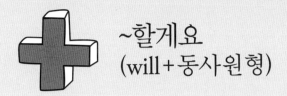

~할게요
(will + 동사원형)

괄호 안의 주어진 단어를 활용해 문장을 완성해 보세요.
정답은 p. 216.

MP3-**031**

1	이따가 너한테 전화할게. **(call you later)**	I will call you later.
2	Erica 곧 올 거예요. **(come soon)**	
3	내가 너 도와줄게. **(help you)**	
4	그녀는 내일 도착할 거예요. **(arrive tomorrow)**	
5	Erica는 일을 끝낼 거예요. **(finish the work)**	
6	내가 가져다줄게요. **(get you)**	
7	나 그 경기 이길 거야. **(win the match)**	
8	우리가 티켓 살 거예요. **(buy the tickets)**	
9	그는 당신을 위해 그걸 할 거예요. **(do it for you)**	
10	저 집에 있을 거예요. **(stay home)**	
11	그들은 널 이해할 거야. **(understand you)**	
12	내가 택시 부를게. **(call a taxi)**	

Erica says

will은 미래의 의미 때문에 tomorrow(내일), next ~(다음 ~), later(나중에) 등의 표현과 함께 씁니다.
I will tell you later. 내가 이따가 얘기할게. **I will do it** next time. 그거 다음에 할게.

회화에서는 줄여서 말하는 경우가 많아요. 이 will은 주어 뒤에 아포스트로피(')를 찍고 ll을 쓰면 돼요.
I will = I'll **You will** = You'll **We will** = We'll **She will** = She'll **He will** = He'll
It will = It'll **They will** = They'll

~하지 않을게요
(will not [=wont']+동사원형)

괄호 안의 주어진 단어를 활용해 문장을 완성해 보세요.
정답은 p. 216.

MP3-**032**

1	나 그녀에게 말하지 않을게요. (tell her)	I won't tell her.
2	그녀는 이기지 않을 거예요. (win)	
3	그들은 오늘 밤 오지 않을 거예요. (come tonight)	
4	나 극장에 가지 않을 거야. (go to the cinema)	
5	그는 내일 테니스 치지 않을 거야. (play tennis tomorrow)	
6	그들은 버스 타지 않을 거야. (take the bus)	
7	나 누구에게도 말 안 할 거야. (tell anyone)	
8	그는 포기하지 않을 거다. (give up)	
9	그는 그거 안 할 거야. (do it)	
10	그녀는 듣지 않을 거야. (listen)	
11	그들은 여기 머물지 않을 거야. (stay here)	
12	나 너 안 도와줄 거야. (help you)	

Erica says

부정문에서는 will not보다 줄인 표현이 더 많이 쓰입니다. 주어와 상관없이 will not = won't로 사용하지요. want 랑 발음이 비슷하게 들릴 수도 있지만, won't 발음은 입을 좀 더 모아서 [우원]으로 발음합니다.

I won't **go to the party.** 나 파티에 안 갈 거야.
They won't **be there.** 그들은 거기에 있지 않을 거야.

~할 거예요?, ~할 건가요?, ~할까요?
(Will+ 주어+ 동사원형 ~?)

괄호 안의 주어진 단어를 활용해 문장을 완성해 보세요.
정답은 p. 216.

MP3-**033**

1	당신 그거 할 거예요? (do it)	*Will you do it?*
2	그가 여기 올 건가요? (come here)	
3	그들이 미국에 갈 건가요? (go to America)	
4	너 나 도와줄 거야? (help me)	
5	그가 내일 나를 만날까요? (meet me tomorrow)	
6	(당신) 이거 시작할 건가요? (start this)	
7	Erica가 곧 도착할까요? (arrive soon)	
8	당신 일찍 올 건가요? (come early)	
9	당신 날 위해 요리해 줄 건가요? (cook for me)	
10	Daniel이 나와 춤을 출까요? (dance with me)	
11	그가 열심히 공부할까요? (study hard)	
12	그녀가 금메달을 딸까요? (win the gold medal)	

will을 이해하면서 이제, 즉흥적인 미래에 대해 얘기할 수 있게 됐습니다. 참, will과 짝꿍처럼 잘 쓰이는 I think(~인 것 같아), I am sure(~라고 확신해)도 함께 익혀서 문장을 만들어 보아요.
I think **she'll love it**. 그녀가 그거 아주 좋아할 것 같아.
I'm sure **they will come to the party**. 나는 그들이 파티에 올 거라 확신해.

Quiz ▶
Be the champion

괄호 안의 주어진 단어를 활용해 문장을 완성해 보세요.
정답은 p. 217.

MP3-**034**

1	너 그에게 말할 거야? (tell him)	*Will you tell him?*
2	그는 영국에 갈 거야. (go to England)	
3	나 내일 그를 만날 거야. (meet him tomorrow)	
4	그는 노래하지 않을 거야. (sing)	
5	그는 차를 사지 않을 거야. (buy a car)	
6	난 널 항상 도와줄 거야. (always, help you)	
7	저랑 함께 갈래요? (come with me)	
8	그는 저녁 먹고 갈 거예요. (stay for dinner)	
9	나는 포기하지 않을 거야. (give up)	
10	그는 그거 나중에 할 거야. (do it later)	
11	그들이 차를 고칠 거야. (fix the car)	
12	그녀가 춤을 출까? (dance)	

단어가 모여 문장이 되고, 문장이 모여 멋진 회화가 됩니다. 문장을 늘리고 늘려 멋진 paragraph를 만들어 봅시다!
반드시 큰소리로 3번 ~! 정답은 p. 217.

speak up!

"Erica, 전 당신과 사랑에 빠질 것 같아요. 저 좋은 남편이 될 거예요. 당신을 위해 모든 걸 다 할게요.
당신을 울리지 않을 거예요. 나와 결혼해 주시겠어요?"

~ 같아요 I think   당신과 사랑에 빠질 거다 will be in love with you   되다 be   남편 husband
모든 걸 하다 do everything   당신을 울리다 make you cry   나와 결혼하다 marry me

94

Erica's NOTE

Will과 관련해 꼭 알아야 할 내용을 추렸어요.
꼭 읽어 보세요.

미래를 표현하는 방법이 이거 말고 또 있답니다. 여러분도 많이 들어보셨을 거예요. be going to라고요. 자, 두 가지 표현의 차이를 살펴볼까요? 둘 다 미래를 얘기하지만, be going to는 바로 차곡차곡 미리 준비가 된 미래, 예를 들어, 올림픽에 출전한다든지, 유학을 가는 것처럼 계획된 미래를 나타내요. 그리고 여기서 우리가 공부한 will은 지금 막 정한, 예를 들어, 식당에서 메뉴 보고 고르면서 "저 이걸로 할게요", "이따 전화할게요"처럼 즉흥적인 느낌이에요.

I am going to go there later. 나 이따가 거기 갈 거야. (사전에 미리 정한 느낌)
I will go there later. 나 이따가 거기 갈게. (즉흥적으로 지금 정한 느낌)

will이 미래를 나타낸다는 의미에서 확장되어 부탁이나 요청을 나타낼 때가 있어요. 특히 의문문에서 많이 쓰입니다.

Will you marry me? 나와 결혼해 줄래요?
Will you do this for me? 나를 위해 이거 해 줄래요?
Will you move your bag? 가방 좀 치워 옮겨 줄래요?

SITUATION 1

진인사대천명.
뭐든 최선을 다하고 기다려야죠.

A **Don't be nervous.
Are you ready?**
떨지 말고. 준비됐니?

B **Yes, I will do my
best. Don't worry.**
네, 최선을 다할 거예요. 걱정하지 마세요.

SITUATION 2

오, 저거 좋았어!
느낌이 파바박 오는 걸로 주문할 때

A **I'll have one steak and a
coke, please.**
저 스테이크랑 콜라로 할게요.

B **Sure, I'll get you a coke,
right away.**
네, 콜라 바로 가져다 드릴게요.

식당에서 I'll have ~로 깔끔하고 도도하게 주문하도
록 하세요!

동영상 021

SITUATION 3

**Will you marry?만 잘 말해도
인생이 달라진다.**

A Erica, I love you
so much. Will you
marry me?

Erica, 당신을 너무 사랑해. 나와 결혼해 줄래요?

B Yes, my answer is
yes!

네, 제 대답은 예스예요!

영화나 드라마에서 많이 들어 본 표현, Will
you marry me?
Will의 질문형이라는 구조가 이제 보이죠?

SITUATION 4

**너무너무 속상해서
절대로 안 할 일을 말할 때**

A You look upset.
What's wrong, Erica?

속상해 보이네. 무슨 일 있어, Erica?

B Daniel lied to me.
I won't talk to him
again.

Daniel이 나한테 거짓말했지 뭐야. 나 다시는 걔랑
얘기 안 할 거야.

단어의 힘

빵빵한 영어의 비법은 탄탄한 어휘 실력!
영어는 우리말로, 우리말은 영어로 써 보세요.

call	_____	최선을 다하다	_____
soon	_____	택시를 부르다	_____
arrive	_____	집에 있다	_____
finish	_____	곧 오다	_____
match	_____	표를 사다	_____
understand	_____	극장에 가다	_____
stay	_____	버스를 타다	_____
ticket	_____	미국에 가다	_____
play tennis	_____	곧 도착하다	_____
give up	_____	열심히 공부하다	_____
meet	_____	금메달을 따다	_____
start	_____	차를 고치다	_____
early	_____	그걸 나중에 하다	_____
cook	_____	저녁 먹고 가다	_____
open	_____	나와 함께 가다	_____
snow	_____	영국에 가다	_____
help	_____	일을 끝내다	_____
best	_____	그 경기를 이기다	_____
tonight	_____	오늘 밤에 오다	_____
tell	_____	택시를 타다	_____

계획된 미래

Be going to

미래시제를 나타내는 또 다른 대표 표현 Be going to의 쓰임을 공부합니다.

LOOK AT THIS!

I am going to
You are going to
He/She/It is going to
We/They are going to

I am not going to
You are not going to
He/She/It is not going to
We/They are not going to

Am I going to ~?
Are you going to ~?
Is he/she/it going to ~?
Are we/they going to ~?

미래 표현은 will 말고도 be going to가 있다. (준비된 미래)

영어에서 미래를 얘기할 때는 Be going to와 will 두 가지로 나타냅니다. will 같은 경우는 그냥 주어 뒤에 착 쓰기만 하면 됐지만 Be going to는 주어에 맞게 be동사가 변하는 거 잊지 마세요. 우리 다 배웠잖아요. 그리고 will이랑 be going to 뒤에는 동사원형을 써 준다는 것도 꼭 기억하세요. 이 둘의 미묘한 차이점은 바로 이거랍니다!

> 갑자기, 예정에 없던, 즉흥적인 미래일 때는 will
> 계획된, 예정된, 준비된 미래일 때는 be going to

미리 준비해서 계획하는 미래일 때는 Be going to

I am going to participate at the Olympics.
전 올림픽에 참가할 거예요. (확고한 결심)

Erica is going to publish the book.
Erica는 책을 출판할 거야. (사전에 계획)

Be going to와 will의 미묘한 의미 차이

I will pay for it.
내가 계산할게. (친구들과 저녁 먹고, 기분 좋아서 즉흥적으로 내가 쏠게! 라고 할 때)

I am going to pay for it.
내가 낼게요. (아픈 어머니의 병원비를 계산하겠노라 오랜 시간 다짐하고 준비했을 때)

I will help her.
내가 저 분 도와드릴게. (무거운 짐을 들고 계신 할머니를 보고 바로 도와드려야겠다는 생각이 들었을 때)

I am going to help my parents after I graduate.
나 졸업한 후에는 우리 부모님 도와드릴 거야.
(힘들게 뒷바라지 해주신 부모님을 도와드리겠노라 오랜 시간 고민하고 사전에 마음을 굳혔을 때)

~할 거예요
(be동사 going to + 동사원형)

괄호 안의 주어진 단어를 활용해 문장을 완성해 보세요.
정답은 p. 217.

MP3-**035**

1	전 스케이팅 선수가 될 거예요. (be a skater)	I am going to be a skater.
2	우리 내년에 인도 갈 거예요. (visit India next year)	
3	그녀는 직장 그만둘 거예요. (quit her job)	
4	우리 이사할 거예요. (move out)	
5	우리 엄마가 너한테 곧 전화하실 거야. (call you soon)	
6	우리 가족은 강아지 키울 거야. (get a dog)	
7	그는 배우가 될 거야. (be an actor)	
8	그거 어려울 거야. (be difficult)	
9	우리, 우리 집 페인트칠할 거야. (paint our home)	
10	그들은 캐나다로 이민갈 거예요. (immigrate to Canada)	
11	나 우리 부모님 찾아뵐 거야. (visit my parents)	
12	Helen이 곧 아이 낳을 거야. (have a baby soon)	

Erica says

gonna라는 단어 보신 적 있나요? 대표적인 버려 발음으로 going to를 회화에서는 gonna라고 발음해요.
I am going to get married soon. = I'm gonna get married soon. 나 곧 결혼할 거야.
He's going to study abroad. = He's gonna study abroad. 그는 유학 갈 거야.

~하지 않을 거예요
(be동사 not going to+ 동사원형)

괄호 안의 주어진 단어
를 활용해 문장을 완성
해 보세요.
정답은 p. 217.

MP3-**036**

1	그녀는 날 도와주지 않을 거야. **(help me)**	She is not going to help me.
2	나 아무것도 안 먹을 거야. **(eat anything)**	
3	**Jason**이 돈 안 낼 거야. **(pay for you)**	
4	그들이 너한테 얘기하지 않을 거야. **(tell you)**	
5	그녀는 오늘 저녁 안 할 거야. **(make dinner tonight)**	
6	그건 쉽지 않을 거다. **(be easy)**	
7	**Nancy**는 의사가 되지 않을 거야. **(be a doctor)**	
8	러시아는 올림픽에 참가하지 않을 겁니다. **(Russia, participate at the Olympics)**	
9	나는 담배 안 끊을 거야. **(quit smoking)**	
10	그녀는 다이어트하지 않을 거야. **(go on a diet)**	
11	난 널 잃어버리지 않을 거야. **(lose you)**	
12	**Jason**은 그 차 운전하지 않을 거야. **(drive the car)**	

~할 건가요?
(Be동사+주어+going to+ 동사원형 ~?)

괄호 안의 주어진 단어를 활용해 문장을 완성해 보세요.
정답은 p. 218.

MP3-**037**

1	이번 여름에 너 파리 갈 거야? (go to Paris this summer)	Are you going to go to Paris this summer?
2	Erica가 너랑 살 거야? (live with you)	
3	올해 은퇴하실 건가요? (retire this year)	
4	너희 언니 곧 아기 낳니? (have a baby soon)	
5	그들이 쉴까? (take a rest)	
6	당신, 그 정보 공유할 건가요? (share the information)	
7	그들이 다음 달에 결혼할 건가요? (marry next month)	
8	비가 올까요? (rain)	
9	(당신) 이번 여름에 해외 전지훈련 갈 건가요? (go to overseas training this summer)	
10	크리스마스 날에 눈이 올까요? (snow on Christmas Day)	
11	그가 포르쉐 살 거야? (buy a Porsche)	
12	너 올해 운전 면허 시험 볼 거야? (take a driving test this year)	

You can do it

영어 면접이나 뭔가 미래에 대해 얘기하면서 사전에 열심히 준비하고 있다는 걸 강조하려면 will이 아니라 be going to를 사용하세요.
I am going to **prepare well for myself**. 제 자신을 위해 잘 준비할 겁니다. (미리 열심히 할 거라는 뉘앙스)
vs. I will **prepare well for myself**. 제 자신을 위해 잘 준비할게요. (즉흥적으로 대답하는 느낌이 물씬)

Quiz ▶
Be the champion

괄호 안의 주어진 단어
를 활용해 문장을 완성
해 보세요.
정답은 p. 218.

MP3-**038**

1   나 이따가 남자친구 만날 예정이야.
(meet my boyfriend later)

I'm going to meet my boyfriend later.

2   Nancy는 대학 안 갈 거래.
(go to college)

3   당신 곧 은퇴할 거예요?
(retire soon)

4   Megan이 곧 출산한대요.
(have a baby soon)

5   다음 달에 그녀가 식당을 열겁니다.
(open a restaurant next month)

6   너 변호사 될 거야?
(be a lawyer)

7   우리 오빠 집 살 거야.
(buy a house)

8   어려울 거야.
(be hard)

9   쉽진 않을 거야.
(be easy)

10 내 생각에 눈 올 것 같은데.
(I think, snow)

11 오늘 밤에 Jason 만날 거야?
(meet Jason, tonight)

12 너 새 직장 구할 예정이야?
(look for a new job)

단어가 모여 문장이 되고, 문장이 모여 멋진 회화가 됩니다. 문장을 늘리고 늘려 멋진 paragraph를 만들어 봅시다!
반드시 큰소리로 3번 ~! 정답은 p. 218.

Speak up!

"안녕하세요. 저는 국가대표 태권도 선수입니다. 올림픽은 저의 꿈이죠. 전 열심히 훈련할 거예요.
그리고 4년 뒤 올림픽에 참가할 겁니다. 금메달을 딸 거고요. 응원해 주세요!"

국가대표 태권도 선수 a national Taekwondo player   훈련하다 train
올림픽에 참가하다 participate at the Olympics   금메달을 따다 get a gold medal
4년 후에 in four years   날 응원해 주다 cheer for me

104

Erica's
NOTE

be going to와 관련해 꼭 알아두어야 할 내용을 추렸
어요. 꼭 읽어 보세요.

1. Be going to는 보통 줄여서 말해요!

· I am going to ~ / I'm going to ~

· You are going to ~ / You're going to ~

· She is going to ~ / She's going to ~

· He is going to ~ / He's going to ~

· It is going to ~ / It's going to ~

· We are going to ~ / We're going to ~

· They are going to ~ / They're going to ~

2. Be going to 짝꿍들!

be going to는 사전에 계획하고 있는 미래 의미라서 아래 표현들을 문장에 함께 사용하면 좋아요.

· 다음 주 next week
· 다음 달 next month
· 내년 next year

· 내일 tomorrow
· 내일 모레 the day after tomorrow
· 곧 soon, shortly
· 미래에 in the future
· 오늘 밤 tonight
· 이틀 후에 in 2 days
· 5일 후에 in 5 days
· 일주일 후에 in a week

She is going to leave in a week. 그녀는 1주일 후에 떠날 거예요.
I am going to be a national athlete in the future. 저는 미래에 국가대표 선수가 될 거예요.

이럴 땐 이렇게!

SITUATION 1

토익을 준비하는 친구에게

A **I'm going to take the TOEIC test soon.**
나 곧 토익 시험 보려고.

B **It's going to be difficult. You need to study hard.**
어려울 거야. 너 공부 열심히 해야 해.

'무언가가 어려울 것 같다' 라고 얘기할 때는 It's going to be difficult. 또는 It's going to be hard. 이렇게 말하면 됩니다.

SITUATION 2

누군가가 이민 간다고 전할 때는?

A **I heard that Erica just quit her job.**
나 Erica가 회사 그만뒀다고 들었어.

B **Yeah, she's going to immigrate to Canada soon.**
응, 캐나다로 곧 이민 갈 예정이래.

SITUATION 3

다이어트에 관해 굉장한
열정을 보여주고 싶을 때

A **Are you going to go
on a diet?**
너 다이어트 할 거니?

B **Yes, I'm not going to
eat anything after 6.**
응, 나 6시 이후에는 아무것도 안 먹을 거야.

SITUATION 4

은퇴를 할지 상대에게 물어볼 때는?

A **Are you going to
retire this year?**
올해 은퇴하실 건가요?

B **Yes, I'm going to
retire after this
season.**
네, 전 이번 시즌 후에 은퇴할 예정입니다.

예정된 미래를 물어볼 때는 〈Are you going
to+동사원형〉을 넣어서 물어봐 주세요.
Are you going to quit this job?
이 일 그만둘 예정이에요?

빵빵한 영어의 비법은 탄탄한 어휘 실력!
영어는 우리말로, 우리말은 영어로 써 보세요.

skater		아기를 낳다, 출산하다	
India		유학하다	
next year		저녁밥을 하다	
quit		늦다, 지각하다	
actor		쉬다, 휴식을 취하다	
difficult		크리스마스 날에	
paint		운전 면허 시험을 보다	
immigrate		대학에 가다	
parents		식당을 열다	
travel		이사 나가다	
smoking		개를 키우다	
lose		캐나다로 이민가다	
retire		여행하다	
share		담배를 끊다	
marry		금년에 은퇴하다	
learn		정보를 공유하다	
lawyer		해외로 가다	
new job		영어를 배우다	
the Olympics		~에 대해 언급하다	
college		내 생각에	
class		~을 구하다, 찾다	

Wh-Question
Training

미래시제와 Wh-Question의 결합

When/Where/Why/How/Who/What＋will＋주어＋동사원형 ~?

When/Where/Why/How/Who/What＋be동사＋주어＋going to＋동사원형 ~?

When 언제 → 시간 정보

When will **you stop**? 너 언제 멈출 거야?
When are **you** going to **stop**? 너 언제 멈출 거야?

Where 어디서 → 장소 정보

Where will **you stay**? 너 어디서 묵을 거야?
Where are **you** going to **stay**? 너 어디서 묵을 거야?

Why 왜 → 이유 정보

Why will **you do that**? 너 왜 그거 할 거야?
Why are **you** going to **do that**? 너 왜 그거 할 거야?

How 어떻게 → 방법 정보

How will **she come**? 그녀가 어떻게 올 거지?
How is **she** going to **come**? 그녀가 어떻게 올 거지?

Who 누구 → 사람 정보

Who will **she pick**? 그녀가 누구를 뽑을까?
Who is **she** going to **pick**? 그녀가 누구를 뽑을까?

What 무엇 → 목적, 아이디어, 행위 정보

What will **they do next**? 그들이 다음에 무엇을 할까?
What are **they** going to **do next**? 그들이 다음에 무엇을 할까?

Wh-QUESTION
will 이용

주어진 단어를 활용해
WH-QUESTION을 만들어 보세요.
정답은 p. 218.

MP3-**039**

1	너 어디 갈 거야? (Where, go)	Where will you go?
2	이제 너 뭐 할 거야? (What, do now)	
3	너 그거 어떻게 하게? (How, do that)	
4	당신 부모님한테 언제 말할 거예요? (When, tell your parents)	
5	몇 시에 테니스 칠 거야? (What time, play tennis)	
6	너 언제 졸업할 거야? (When, graduate)	
7	다음 주에 어디 있을 거예요? (Where, be next week)	
8	언제 게임이 끝나요? (When, the game finish)	
9	몇 시에 여기 올 거예요? (What time, come here)	
10	그녀가 무슨 말을 할까요? (What, say)	
11	당신 언제 대답할 거예요? (When, give an answer)	
12	그들이 언제 낚시하러 가죠? (When, go fishing)	

Wh-QUESTION
be going to 이용

주어진 단어를 활용해
WH-QUESTION을 만들어 보세요.
정답은 p. 219.

MP3-**040**

---

1 당신 다음에 뭐 하려고요?
(What, do next)

What are you going to do next?

---

2 주말에 우리 어디 갈 거예요?
(Where, go on the weekend)

---

3 (당신) 이번 여름에 어디 갈 거예요?
(go this summer)

---

4 당신 집에 어떻게 가려고요?
(How, get home)

---

5 우리 불금에 뭐 먹을 거예요?
(What, eat on Friday night)

---

6 우리 어디서 여름 휴가 보낼 거예요?
(spend our summer vacation)

---

7 당신 영어 공부 어떻게 할 거예요?
(How, study English)

---

8 당신 뭐 가져갈 거예요?
(What, take)

---

9 당신 뭘 사려고요?
(What, buy)

---

10 언제 너 머리 자를 거야?
(When, get a haircut)

---

11 우리 어디서 다시 만날까요?
(Where, meet again)

---

12 왜 그가 담배를 끊을까요?
(Why, give up smoking)

Wh-Question Training 111

Wh-QUESTION
----
will · be going to

주어진 단어를 활용해
WH-QUESTION을 만들어 보세요.
정답은 p. 219. *표시는 will 사용하기

MP3-**041**

1 휴가에 얼마나 지출할 예정이에요?
(How much, spend on your vacation)

How much are you going to spend on your vacation?

2 *그거 얼마나 갈까?
(How long, last)

3 내일 몇 시에 일어날 거예요?
(What time, get up tomorrow)

4 *너 얼마 낼 거야?
(How much, pay)

5 당신 얼마나 저금할 건가요?
(How much, save)

6 *그들이 왜 올까요?
(Why, come)

7 *파티에 누가 올까요?
(Who, come to the party)

8 *그들이 여기 몇 시에 도착할까요?
(What time, arrive here)

9 얼마나 오래 여기서 살 거예요?
(How long, live in here)

10 오늘 밤에 몇 시에 잠자리에 들 예정인가요?
(What time, go to bed tonight)

11 *미국에 얼마나 있을 건가요?
(How long, be in the USA)

12 비가 얼마나 오래 올까요?
(How long, rain)

UNIT

9

현재진행형
Be동사 현재형 + 동사ing

지금 행해지고 있는 걸 나타내는 현재진행형의 쓰임을 공부합니다.

L O O K   A T   T H I S !

I am studying	I am not studying	Am I studying?
You are studying	You are not studying	Are you studying?
He/She/It is studying	He/She/It is not studying	Is he/she/it studying?
We/They are studying	We/They are not studying	Are we/they studying?

지금 이 순간 ~~~ 롸잇 나우!

지금 하고 있는 행동을 나타낼 때는 바로 〈be동사 현재형 +동사ing: 현재진행형〉 형태를 사용해서 얘기하면 됩니다. 그런데 영어는 뭐 하나 깔끔하게 떨어지는 게 없잖아요? 현재진행형은 나름 쓰임이 다양하답니다.

1. 지금 이 순간 ~하는 중이라구!
: 현재 지금, 이 순간에 진행되는 상황

I'm watching TV now. 나 지금 TV 시청 중이야.
Are you driving? 너 운전 중이니?
Are you listening to me? 너 내 말 듣고 있어?

* Now, at the moment와 함께 많이 사용합니다.

2. 거의 확정된 가까운 미래

will이나 be going to 말고도, 현재진행형 뒤에 미래를 나타내는 표현들을 사용하면 거의 확정된 가까운 미래를 나타내기도 합니다.
I am having lunch with Erica tomorrow. 나 Erica랑 내일 점심 먹어. (계획된 미래)
Erica's leaving to Toronto this evening. Erica 오늘밤에 토론토로 떠나.

3. 부정적인 일의 반복
: 항상 반복되는 부정적인 일들을 표현

You are always complaining.
넌 항상 불평하잖아.

She's always coming late.
그녀는 항상 늦게 와.

* 이때는 always, forever와 함께 많이 씁니다.

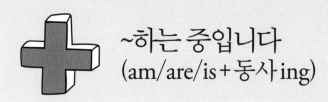 ~하는 중입니다
(am/are/is+동사ing)

괄호 안의 주어진 단어를 활용해 문장을 완성해 보세요.
정답은 p. 219.

MP3·**042**

1	저 TV 보는 중이에요. (watch TV)	I am watching TV.
2	Julia 지금 점심 먹고 있어요. (have lunch now)	
3	그는 항상 술을 마셔요. 부정적인 반복: always 사용 (drink)	
4	밴쿠버는 항상 비가 와. 부정적인 반복: always 사용 (rain in Vancouver)	
5	Daniel 오늘 밤에 춤 출 거야. 거의 확정된 미래 (dance tonight)	
6	저 친구랑 얘기 중이에요. (talk to my friend)	
7	Linda 컴퓨터 하고 있어요. (use a computer)	
8	그녀가 보고서를 보여주고 있어요. (show the report)	
9	나 오늘 밤에 클럽 갈 거야. 거의 확정된 미래 (go to a club tonight)	
10	우리 엄마 오늘 밤에 떠나셔. 거의 확정된 미래 (leave tonight)	
11	스케이팅 선수들이 준비 중이에요. (get ready)	
12	나 목욕 중이야. (take a bath)	

Erica says

단순현재 vs. 현재진행형 구분하기

I study English. 나 (평소에) 영어 공부해. vs.
I'm studying English. 나 영어 공부하는 중이야. (지금 이 순간)

현재진행형은 무언가가 주~욱 연결되어 진행되고 있는 그림을 머릿속에 그려야 해요!
단순현재는 우리가 반복적으로, 규칙적으로 하는 활동과 일반적인 사실을 얘기할 때 사용합니다.

UNIT 9 115

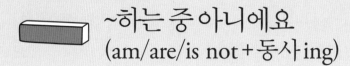

~하는 중 아니에요
(am/are/is not + 동사ing)

괄호 안의 주어진 단어를 활용해 문장을 완성해 보세요. 정답은 p. 220.

MP3-**043**

1	저 가족이랑 **TV** 보고 있는 중 아니에요. (watch TV with my family)	I'm not watching TV with my family.
2	**Julia** 점심 먹는 중 아니에요. (have lunch)	
3	우리 오빠 자기 차 운전하는 중 아니에요. (drive his car)	
4	더 이상 비 안 와요. (rain anymore)	
5	나 이따가 안 갈 거야. (go later)	
6	나 지금 그 누구랑도 얘기하고 있지 않아요. (talk to anyone now)	
7	**Linda** 지금 전화 쓰고 있지 않아. (use a phone now)	
8	그녀는 그 프로젝트 하고 있지 않아요. (work on the project)	
9	그들은 오늘 토익 시험 안 볼 거야. 미래 느낌 (take the TOEIC test today)	
10	나 지금 아무것도 안 하고 있어. (do anything now)	
11	그녀는 아무것도 안 먹고 있어. (eat anything)	
12	나 집에서 쉬고 있는 거 아니에요. (relax at home)	

Erica says

동사에 ing 붙일 때의 Rule

대부분 동사 끝에 ing를 붙이면 되지만 영어에는 항상 예외가 있죠!

1. e로 끝나는 동사는 e를 생략하고 ing 붙이기
come(오다)-coming

2. ie로 끝나는 동사는 ie를 y로 고치고 ing 붙이기
lie(거짓말하다)-lying

3. <자음+모음+자음>의 1음절 단어나 강세를 받는 2음절 동사일 경우, 자음을 한 번 더 쓰고 ing 붙이기
beg(애원하다)-beg**ging**: 1음절 단어　begin(시작하다)-begin**ning**: gin에 강세가 있는 2음절 단어

~하는 중인가요?
(Am/Are/Is+주어+동사ing ~?)

괄호 안의 주어진 단어를 활용해 문장을 완성해 보세요. 정답은 p. 220.

MP3-**044**

1	너 그 영화 보는 중이야? (watch the movie)	Are you watching the movie?
2	Julia 아침 먹고 있어요? (eat breakfast)	
3	우리 오빠가 지금 내 차 운전 중이야? (drive my car right now)	
4	너 이따가 올 거야? (come later)	
5	Daniel이 여자랑 춤추고 있니? (dance with a lady)	
6	나한테 얘기하는 거예요? (talk to me)	
7	너 항상 사람들한테 거짓말하지? (always lie to people)	
8	그녀가 오늘 밤에 일하나요? (work tonight)	
9	너 이번 여름에 수업 들어? (take any class this summer)	
10	너 여행할 거야? (plan to travel)	
11	너 지금 뭔가 먹고 있어? (eat something now)	
12	너 집에서 쉬는 중이야? (relax at home)	

You can do it

현재진행형을 마스터하면 현재 진행 중인 상황을 보다 자세히 표현할 수 있고, 뭔가 반복되는 일에 대해 부정적으로 이야기할 수 있어요. 또 미래시제를 안 쓰고도 가까운 미래를 표현할 수가 있답니다.

I can't call you. I'm driving now. 나 너한테 전화 못 해. 나 지금 운전 중이야. (진행)
You are always complaining. 넌 항상 불평해. (부정적인 일 반복)
I'm studying English from now on. 저 지금부터 영어 공부할 거예요. (가까운 미래)

팔호 안의 주어진 단어를 활용해 문장을 완성해 보세요.
정답은 p. 220.

MP3-**045**

1	나한테 얘기하는 거예요?	*Are you talking to me?*
	(talk to me)	

2 나 지금 아무것도 안 하고 있어.
(do anything now)

3 저 지금 교수님과 얘기 중이에요.
(talk to my professor)

4 그녀는 아무것도 먹고 있지 않아.
(eat anything)

5 너 오늘 밤에 나갈 거야?
(go out tonight)

6 어기 비가 딩싱 와요?
(always rain here)

7 우리 남편 지금 내 얘기 듣고 있지 않아요.
(listen to me now)

8 걔네 뭔가 계획 중이니?
(plan something)

9 너 지금 운전 중이니?
(drive now)

10 그녀가 이따가 올까?
(come later)

11 나 지금 일하고 있어.
(work now)

12 우리 누난 항상 드라마를 봐요.
(always watch dramas)

단어가 모여 문장이 되고, 문장이 모여 멋진 회화가 됩니다. 문장을 늘리고 늘려 멋진 paragraph를 만들어 봅시다!
반드시 큰소리로 3번 ~! 정답은 p. 220.

speak up!

"저한테 물으시는 건가요? 저 지금 시합 준비 중이에요. 시간이 없어요. 인터뷰 이따가 할게요. 이따 만나요."

묻다 ask   시합 준비하다 get ready for the match   시간이 없다 have no time
인터뷰하다 have an interview

118

Erica's NOTE

현재진행형 관련해 꼭 알아두어야 할 내용을 추렸어요. 꼭 읽어 보세요.

동영상
026

1. 회화에서는 자연스럽게 줄여 말하기!

사실 원어민들은 I am ~, You are ~ 이렇게 말하기도 하지만 회화에서는 거의 줄여서 I'm ~, You're ~ 이렇게 말한답니다. 초를 다투며 바쁘게 사는 현대인들이니 한 글자라도 줄여 말하려고 하는 거지요.

I am → **I'm**
I'm dancing with her. 저 그녀랑 춤추고 있어요

He is → **He's**   She is → **She's**   It is → **It's**
It's raining cats and dogs. 억수로 비가 많이 오고 있어요

We are → **We're**   You are → **You're**   They are → **They're**
We're studying together. 우리 함께 공부 중입니다.

2. 축약하지 않고 쓰는 경우

하지만 문장을 강조해서 말할 때는 줄여 말하지 않고 또박또박 힘을 줘서 말합니다.

You are not going out tonight! 너 오늘 안 나갈 거잖아!
I am not going! 나 안 갈 거야!

3. 진행형 형태로 쓸 수 없는 동사

우리말로는 진행형으로 분명히 쓰일 것 같은데 진행형으로 안 쓰이는 동사들이 있어요. 이건 왜 그런가라고 고민하지 마세요. 그냥 영어라는 언어 자체가 우리 한국어랑 체계가 달라서 그런 거니까 마음을 내려놓고 받아들이면 돼요. 진행형으로 쓸 수 없는 동사는 크게 세 가지랍니다.

감정을 나타내는 동사

like(좋아하다) / love(사랑하다)

인식을 나타내는 동사

know(알다) / believe(믿다)

존재 · 소유를 나타내는 동사

have(가지다) / exist(존재하다)

SITUATION 1

**왜 이렇게 다른 사람이
뭐 하는지 궁금할까?**

A **What are you doing,
Erica?**
Erica, 지금 뭐해?

B **Nothing much. I'm
just watching TV.**
별로 하는 것 없어. 그냥 TV 보고 있어.

상대가 지금 뭘 하고 있는지 궁금할 때
는 현재진행형을 이용해서 What are you
doing?이라고 물으면 돼요. 별로 특별히 하
는 게 없을 때는 Nothing much. 요렇게 표
현할 수 있겠죠.

SITUATION 2

**지금 대화 중이니까
나중에 연락할게.**

A **Did you talk to your
professor?**
너희 교수님한테 말씀 드렸어?

B **Yes, I'm talking to her
now. I will call you later.**
응. 지금 말씀 드리는 중이야. 이따가 전화할게.

SITUATION 3

**맨날 술만 마시는 남편/남친에게
불만이 폭발할 때**

A **Why do you want to
break up with me?**
나랑 왜 헤어지고 싶은 건데?

B **Well, because
you are always
drinking!!!!!!**
왜냐하면 네가 맨날 술 마시니까!!!!!

반복되는 지겨운 행위를 얘기할 때 현재진행
형에 always를 넣어서 문장을 만들면 됩니
다. 따라서 You are always drinking. 이렇
게 하면 '(불만에 가득 차서) 너는 항상 술을
마셔!' 이런 뜻이 되겠죠?

SITUATION 4

이 놈의 컴퓨터가 또 말썽이네!

A **My computer isn't
working.**
내 컴퓨터가 작동이 안 되고 있어.

B **Is it acting up?**
애먹이고 있구나?

'애를 먹이다, 말썽을 피우다'는 표현, 간단
하게 act up이라고 하면 됩니다. 활용 빈도
가 매우 높으니 꼭 기억하세요. 물건이나 기
계가 애를 먹일 때도 사용합니다!

단어의
힘

빵빵한 영어의 비법은 탄탄한 어휘 실력!
영어는 우리말로, 우리말은 영어로 써 보세요.

영어	우리말	우리말	영어
watch TV		점심 먹다	
use		~와 얘기하다	
report		클럽에 가다	
get ready		목욕하다	
leave		우리 가족과	
TOEIC test		나에게 거짓말하다	
relax		영화 보다	
whole		나한테 잔소리 하다	
clean		오늘 밤에 떠나다	
breakfast		전화를 사용하다	
computer		그 프로젝트를 하다	
bath		보고서를 보여주다	
phone		토익 시험을 치다	
now		아침을 먹다	
house		여자와 춤추다	
tonight		수업을 듣다	
this summer		집에서	
professor		내 얘기를 듣다	
work		나중에 오다	
always		드라마를 보다	

과거진행형

Be동사 과거형 + 동사ing

과거에 행해지고 있던 일을 나타내는 과거진행형의 쓰임을 공부합니다.

LOOK AT THIS!

I was **sleep**ing
You were **sleep**ing
He/She/It was **sleep**ing
We/They were **sleep**ing

I was not **sleep**ing
You were not **sleep**ing
He/She/It was not **sleep**ing
We/They were not **sleep**ing

Was **I sleep**ing?
Were **you sleep**ing?
Was **he/she/it sleep**ing?
Were **we/they sleep**ing?

TEACHER'S TIP

(과거에) ~하고 있었어요

과거도 '~했다'만 있는 게 아니에요. 이번에는 과거진행형
인데요, 말 그대로 과거에 진행 중이던 상황을 얘기할 때 사
용합니다. 현재진행형 배운 거 기억나죠? 거기서 Be동사를
과거형으로만 바꿔 주면 OK.

1. 그냥 과거와 과거진행형의 '의미상 차이'
단순과거는 동작이 완료됐다는 의미를 전하며, 과
거진행형은 진행 중이던 것을 뜻합니다.

단순과거: I walked home.
난 집에 걸어갔어요.

과거진행형: I was walking home.
난 집에 걸어가는 중이었어요.

단순과거: We studied English.
우리 영어 공부했어.

과거진행형: We were studying English.
우리 영어 공부하고 있던 중이었어.

2. 완료된 과거 동작과 과거진행형의 조합
과거진행형과 이미 완료된 과거 동작을 나타내는
단순과거형의 조합이 문장에서 많이 쓰입니다.

She was cleaning her house when I
called her.
내가 전화했을 때 (이미 완료된 동작), 그녀는 집을 청소하던 중이었
어. (과거에 진행 중이던 동작)

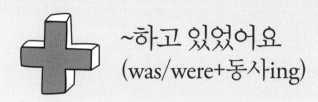

~하고 있었어요
(was/were+동사ing)

괄호 안의 주어진 단어를 활용해 문장을 완성해 보세요. 정답은 p. 221.

MP3-**046**

---

1 나 내 방에서 자고 있었어.
   (sleep in my room)

   I was sleeping in my room.

---

2 **Erica**가 설거지하고 있었어.
   (wash the dishes)

---

3 그는 밖에 앉아 있었어요.
   (sit outside)

---

4 우리 부모님은 10시에 일하고 계셨어요.
   (work at 10 o'clock)

---

5 나 영화 보고 있었지.
   (watch a movie)

---

6 그 밴드가 히트곡들을 연주하고 있었어.
   (The band, play hit songs)

---

7 밖에 비가 오고 있었어요.
   (rain outside)

---

8 우리 아들이 숙제를 하고 있었어요.
   (My son, do his homework)

---

9 우리 아버지가 잔소리하고 계셨어.
   (lecture)

---

10 우리는 해넘이를 바라보고 있었어.
    (watch the sunset)

---

11 **Megan**은 자기 가방을 찾고 있었어요.
    (look for her bag)

---

12 나 친구랑 얘기 중이었어.
    (talk to my friend)

Erica says

우리말을 보면 "부모님의 설교가 또 시작됐어." 라고 하면서 '설교하다'와 '잔소리하다'를 동일시해서 쓰잖아요. 그런데요, 정말 신기하게 영어도 그래요. lecture가 '설교하다, 강의하다'의 뜻인데, '잔소리하다'의 의미로도 쓰인답니다. 그러고 보면 언어라는 게 참 신기하죠?

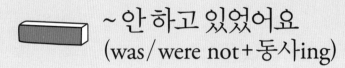

1	나 6시에 안 자고 있었는데. (sleep at 6)	I wasn't sleeping at 6.
2	Erica는 내 얘길 안 듣고 있었어. (listen to me)	
3	너 공부하고 있지 않았잖아. (study)	
4	해가 빛나고 있지 않았어요. (The sun, shine)	
5	아이들은 놀고 있지 않았어요. (The children, play)	
6	그들은 집에서 일하고 있지 않았어요. (work at home)	
7	어제 이 시간에는 비가 오고 있지 않았어요. (rain at this time yesterday)	
8	Mandy는 강아지에게 먹이를 주고 있지 않았어요. (feed her dog)	
9	나 저녁하고 있지 않았어요. (make dinner)	
10	그들은 영화 보고 있지 않았어요. (watch a film)	
11	Megan은 어제 이 시간에 쇼핑하고 있지 않았어요. (shop at this time yesterday)	
12	나 나쁜 꿈 꾸고 있지 않았어요. (have a bad dream)	

is not, are not뿐 아니라 was not과 were not도 wasn't, weren't로 줄여 쓸 수 있답니다.
I wasn't **sleeping**. 나 안 자고 있었어요.
They weren't **paying attention**. 그들은 집중하고 있지 않았어요.

Erica says

~하고 있었나요?
(Was/Were+주어+동사ing~?)

괄호 안의 주어진 단어를 활용해 문장을 완성해 보세요.
정답은 p. 221.

MP3-**048**

---

1 너 공부하고 있었어?
(study)

Were you studying?

---

2 Jason이랑 Daniel이 미식축구하고 있었어?
(play football)

---

3 너 우리 오빠랑 얘기하고 있었어?
(talk to my brother)

---

4 눈이 오고 있었나요?
(snow)

---

5 어제 이 시간에 비가 오고 있었나요?
(rain at this time yesterday)

---

6 아기가 자고 있었어요?
(the baby, sleep)

---

7 크리스마스 이브에 일하고 있었어요?
(work on Christmas Eve)

---

8 우리 엄마가 강아지 찾고 계셨다고?
(look for my dog)

---

9 어제 이 시간에 저 기다리고 있었어요?
(wait for me at this time yesterday)

---

10 Erica가 택시 기다리고 있었어?
(wait for the taxi)

---

11 Jason이 드럼 치고 있었어?
(play drums)

---

12 제 아이가 길거리에서 울고 있었나요?
(my child, cry on the street)

You can do it

정중하고 조심스레 상대에게 뭔가를 물어보는 건, 과거진행형을 이용한 패턴을 활용해 할 수 있습니다. 바로 I was wondering if you could ~(당신이 ~해 줄 수 있는지 궁금해요)인데요, 여기서는 과거진행형의 의미가 살아 있지 않죠? 그냥 패턴 자체로 익히고 활용하시면 된답니다!
I was wondering if you could **help me**. 저 좀 도와주실 수 있어요?

괄호 안의 주어진 단어
를 활용해 문장을 완성
해 보세요.
정답은 p. 222.

MP3·**049**

1	나 자고 있지 않았어. (sleep)	*I wasn't sleeping.*
2	저 버스 기다리는 중이었어요. (wait for the bus)	
3	어제 이 시간에 운전 중이었어요? (drive at this time yesterday)	
4	Erica가 절 기다리고 있었나요? (wait for me)	
5	저 10시에 일하는 중이었어요. (work at 10 o'clock)	
6	밖에 비 오고 있지 않았어요 (rain outside)	
7	어제 이 시간에 눈 오고 있었어요. (snow at this time yesterday)	
8	너 숙제 중이었니? (do your homework)	
9	전 멋진 꿈을 꾸던 중이었어요. (have a beautiful dream)	
10	자고 있었어요? (sleep)	
11	나 아무것도 하고 있지 않았는데. (do anything)	
12	당신 뭔가 하고 있었어요? (do something)	

speak up!

단어가 모여 문장이 되고, 문장이 모여 멋진 회화가 됩니다. 문장을 늘리고 늘려 멋진 paragraph를 만들어 봅시다!
반드시 큰소리로 3번 ~! 정답은 p. 222.

"어제 이 시간에 나 일하는 중이었어. 그래서 전화 못 받았어. 저기 혹시 나 좀 도와줄 수 있어?"

전화 못 받다 miss a call   ~ 좀 해줄 수 있어? I was wondering if you could

Erica's NOTE

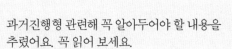

과거진행형 관련해 꼭 알아두어야 할 내용을
추렸어요. 꼭 읽어 보세요.

동영상
029

1 문장을 매끄럽게 이어 주는 when

"네가 전화했을 때 나 샤워 중이었어."를 그냥 You called me. I was taking a shower. 라고 하면 원어민들 귀에는 상당히 부자연스럽게 들립니다. 우리말의 '~할 때'에 해당하는 영어를 같이 써 줘야 자연스럽게 들리는데요, 이 '~할 때'에 해당하는 말이 when이에요.

When you called me, I was studying.
네가 전화했을 때 (이미 완료된 동작), 나 공부하고 있었어. (과거에 진행 중이던 동작)

When I saw him, he was crying.
내가 그를 봤을 때 (이미 완료된 동작), 그는 울고 있었어. (과거에 진행 중이던 동작)

2. 과거진행형과 자주 쓰이는 단골 표현 at this time yesterday

과거진행형과 짝꿍처럼 자주 쓰이는 녀석이 하나 있어요. 영화나 드라마를 보면 경찰이나 검사들이 피의자를 조사하면서, "당신 어제 그 시간에 뭐 하고 있었어? What were you doing at this time yesterday?" 이렇게 질문하는 경우가 자주 나옵니다. '어제 이[그] 시간에'는 at this time yesterday로 굉장히 자주 쓰이므로 꼭 알아두세요.

I was playing baseball at this time yesterday.
어제 이 시간에 나 야구하고 있었어.

It was raining at this time yesterday.
어제 이 시간에 비가 오고 있었어.

SITUATION 1

아니, 뭐 하느라
내 전화도 못 받은 걸까?

A **What were you doing? I just called you many times.**
뭐 하고 있었어? 나 여러 번 전화했었는데.

B **Sorry, I was taking a shower.**
미안, 나 샤워 중이었어.

SITUATION 2

어제 이 시간에 날씨가
어땠는지도 기억이 안 나.

A **Was it raining yesterday when you were outside?**
너 밖에 있을 때, 어제 비 오고 있었니?

B **No. It wasn't raining at this time yesterday.**
아니. 어제 이 시간에 비 안 오고 있었어.

과거진행형 자체로도 얼마든지 훌륭한 문장이 될 수
있지만 when 등을 넣어 더 품격 있게, 디테일한 문
장을 만들 수 있어요. ' 너 ~했을 때 뭐하고 있었어?'
이런 느낌의 문장을 말할 때 핵심적으로 사용하는
과거진행형, 잊지 말아요.

SITUATION 3

콕 찍어 어제는 뭐 했어?

A **Where were you yesterday?**
너 어제 어디 있었던 거야?

B **I was at home. I was working on my new book.**
나 집에 있었어. 나 새 책 작업 중이었었어.

SITUATION 4

도대체 뭐 하느라 강의에 집중을 못했을까?

A **What did she say? Was it something important?**
그녀가 뭐라고 말했어? 뭔가 중요한 거였어?

B **Sorry. I wasn't listening. I'm not sure.**
미안, 나 안 듣고 있었어. 잘 모르겠네.

회화에서 I wasn't listening. 이라고 하면, 상대가 기분이 나쁠 수도 있어요. 의도적으로 뭔가 귀를 닫고 다른 생각을 했었다던가 할 때 사용하는 표현이거든요.

단어의 힘

빵빵한 영어의 비법은 탄탄한 어휘 실력!
영어는 우리말로, 우리말은 영어로 써 보세요.

sleep	_____	설거지하다	_____
sit	_____	숙제를 하다	_____
outside	_____	~을 찾다	_____
hit song	_____	~와 이야기하다	_____
sunset	_____	축구를 하다	_____
lecture	_____	어제 이 시간에	_____
listen to	_____	나쁜 꿈을 꾸다	_____
study	_____	크리스마스 이브에	_____
shine	_____	드럼을 치다	_____
children	_____	거리에서	_____
feed	_____	밖에 비가 오다	_____
make dinner	_____	뭔가를 하다	_____
shop	_____	당신을 찾다	_____
study	_____	10시에 일하다	_____
wait for	_____	버스를 기다리다	_____
homework	_____	6시에 자다	_____
beautiful	_____	내 말을 듣다	_____
drive	_____	집에서 일하다	_____
something	_____	개에게 먹이를 주다	_____
watch TV	_____	날 도와주다	_____
football	_____	풋볼을 하다	_____

Wh-Question
Training

진행형 시제와 Wh-Question의 결합

When/Where/Why/How/Who/What+be동사 현재형+주어+동사ing ~?
When/Where/Why/How/Who/What+be동사 과거형+주어+동사ing ~?

When 언제 → 시간 정보

When **are you going**? 언제 갈 거야?
When **was it raining**? 언제 비가 내리고 있었어?

Where 어디서 → 장소 정보

Where **are you going**? 어디 가는 거야?
Where **were you studying**? 어디서 공부하고 있었어?

Who 누구 → 사람 정보

Who **are you going with**? 누구랑 가는 거야?
Who **were you talking to**? 누구랑 얘기하던 중이었어?

Why 왜 → 이유 정보

Why **are you shouting**? 왜 소리 지르는 거야?
Why **were you shouting**? 왜 소리 질렀던 거야?

How 어떻게 → 방법 정보

How **are you doing in school**?
학교에서는 어떻게 지내고 있니?
How **were they playing soccer**?
그들이 어떻게 축구를 하고 있던 거야?

What 무엇 → 목적, 아이디어, 행위 정보

What **are you doing now**? 지금 뭐 해?
What **were you doing at this time yesterday**?
어제 이 시간에 뭐 하고 있었어?

Wh-QUESTION
현재진행형

주어진 단어를 활용해
WH-QUESTION을 만들어 보세요.
정답은 p. 222.

MP3-**050**

1 언제 점심 먹을 거야?
(When, have lunch)

When are you having lunch?

2 Erica가 왜 피를 흘리지?
(Why, bleed)

3 지금 너 뭐하고 있어?
(What, do now)

4 너 언제 와?
(When, come)

5 Erica 누구랑 술 마시고 있어?
(Who, drink with)

6 그들이 무슨 생각하고 있어?
(What, think)

7 Daniel이 언제 자기 부모님 방문할까?
(When, visit his parents)

8 Erica랑 Jason이 뭘 싣고 있어?
(What, load)

9 그들이 왜 경기에서 지고 있지?
(Why, lose at the game)

10 너 어디 가?
(Where, go)

11 네 오빠 지금 뭐 찾고 있니?
(What, look for)

12 너 시간 어떻게 보내고 있어?
(How, spend your time)

Wh-QUESTION
과거진행형

주어진 단어를 활용해
WH-QUESTION을 만들어 보세요.
정답은 p. 222.

MP3·**051**

1 너 뭐 하고 있었어?

(What, do)

What were you doing?

2 너 샤워 어떻게 하고 있었어?

(How, take a shower)

3 너 왜 음악 듣고 있었어?

(Why, listen to music)

4 걔네들이 뭐 먹고 있었어?

(What, eat)

5 Erica 누구랑 술 마시고 있었어?

(Who, drink with)

6 그들이 무슨 생각하고 있었어?

(What, think)

7 Erica 5시간 전에 뭐 읽고 있었어?

(What, read five hours ago)

8 Erica랑 Jason이랑 뭐 공부하고 있었어?

(What, study)

9 오늘 아침 7시에 왜 운전하고 있었어?

(Why, drive at 7 this morning)

10 왜 여름에 눈이 왔던 거지?

(Why, snow in summer)

11 네 오빠 어제 이 시간에 뭐 찾고 있었니?

(What, look for at this time yesterday)

12 그녀가 어떻게 여행을 하고 있었지?

(How, travel)

주어진 단어를 활용해
WH-QUESTION을 만들어 보세요.
정답은 p. 223.

MP3-**052**

1 나 뭐 하고 있는 거지?
(What, do)

What am I doing?

2 그가 언제 이메일을 쓰고 있었어?
(When, write an email)

3 그들이 언제 올까?
(When, come)

4 너 어디에 서 있었어?
(Where, stand)

5 너 뭐 시청 중이야?
(What, watch)

6 내가 누구랑 얘기하고 있었지? 기억이 안 나.
(Who, talk to, I can't remember)

7 우리 언제 시험 볼 거예요?
(When, have the test)

8 그가 왜 기다리고 있었을까요?
(Why, wait)

9 당신 언제 학교 떠나요?
(When, leave school)

10 어떤 회사에서 일하고 계세요?
(What company, work for)

11 Erica가 어젯밤 10시에 어디 가는 중이었어요?
(Where, go at 10 last night)

12 경찰관이 우리한테 무슨 얘기하고 있었어?
(What, the police officer, tell us)

11

조동사
Can

능력과 허가의 뜻을 더해 주는 can의 쓰임을 공부합니다.

LOOK AT THIS!

I can do it.
You can do it.
She/He/It can do it.
We/They can do it.

I can't do it.
You can't do it.
She/He/It can't do it.
We/They can't do it.

Can I do it?
Can you do it?
Can she/he/it do it?
Can we/they do it?

할 수 있다 vs. 할 수 없다 vs. 할 수 있나요?

능력을 나타내는 can, 드디어 나왔네요. 동사 혼자서는 '할 수 있다' 같은 능력의 외미를 나타낼 수 없으시 can을 동사 앞에 쏘옥 써 준답니다. 이렇게 많은 도움을 주는 녀석이라서 이름도 '조동사'지요.
그럼, 이 can은 도대체 언제 사용할까요?

1. 능력을 나타낼 때

할 수 있는지 없는지 능력의 여부가 can 안에 있소이다!!!
I can speak English. 나 영어 할 수 있어요.
We can do it. 우리 그거 할 수 있어.

2. 허가/허락을 나타낼 때

can은 '~해도 된다'의 허가나 허락의 의미도 있어요.
You can go home now. 너 이제 집에 가도 돼.
Can you come with me? 나랑 같이 가도 돼요?

이 can은 주어가 뭐든 상관없이 그냥 can이에요. 어찌나 다행인지! 그 모습 그대로 고스란히 사용하는 것 잊지 마시고, 동사 앞에 쏙 넣어 주세요! can만큼 쉬운 것도 없죠?
I can do it. 제가 그거 할 수 있어요.
She can do it. 그녀가 그거 할 수 있어요.

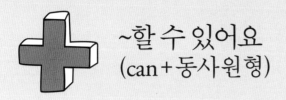 **~할 수 있어요**
(can+동사원형)

괄호 안의 주어진 단어를 활용해 문장을 완성해 보세요.
정답은 p. 223.

MP3-**053**

---

1 저 영어 할 수 있어요.
　　　능력 (speak English)

　　　I can speak English.

---

2 저희가 그거 같이 할 수 있어요.
　　　능력 (do it together)

---

3 너 이제 집에 가도 돼.
　　　허가/허락 (go home now)

---

4 Erica 혼자 운전할 수 있어.
　　　능력 (drive alone)

---

5 우리 엄마는 모든 걸 다 요리할 수 있어.
　　　능력 (cook everything)

---

6 Jason은 저 차 고칠 수 있어.
　　　능력 (fix that car)

---

7 너 내 컴퓨터 써도 돼.
　　　허가/허락 (use my computer)

---

8 나 오늘 갈 수 있어.
　　　능력 (come today)

---

9 우리 기다릴 수 있어.
　　　능력 (wait)

---

10 우리 이 경기에서 이길 수 있어.
　　　능력 (win this game)

---

11 우리 이 장비 써도 돼.
　　　허가/허락 (use this equipment)

---

12 그녀가 그거 처리할 수 있어.
　　　능력 (handle it)

"할 수 있다"의 힘을 올림픽에서 증명한 I can do it!

김상영 선수를 기억하세요? 2016년 리우 올림픽 결승전, 많은 점수 차이로 뒤진 상황에서, "나는 할 수 있다. 나는 할 수 있다." 라고 얘기하면서, 연속 5득점을 하여 대한민국 최초로 펜싱 에페 종목 금메달을 따냈죠. 전 can만 보면 김상영 선수가 생각난답니다.

Erica says

UNIT 11 139

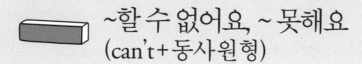

~할 수 없어요, ~ 못해요
(can't+동사원형)

괄호 안의 주어진 단어를 활용해 문장을 완성해 보세요.
정답은 p. 223.

MP3-**054**

---

1 저 한국어 못해요.
(speak Korean)

I can't speak Korean.

---

2 전 그거 못해요.
(do it)

---

3 그녀는 여기 머물 수 없어요.
(stay here)

---

4 Erica는 자전거 못 타요.
(ride a bike)

---

5 우리 엄마 요리 못해요.
(cook)

---

6 Jason은 내 컴퓨터 못 고쳐요.
(fix my computer)

---

7 너 그걸 그렇게 말하면 안 되지.
(say it like that)

---

8 나 오늘 밤에 못 나가.
(go out tonight)

---

9 우리 더 이상 기다릴 수 없어.
(wait anymore)

---

10 나 이 프로젝트 끝낼 수가 없어.
(finish this project)

---

11 우리 이거 열 수가 없어.
(open this)

---

12 난 널 도와줄 수가 없어.
(help you)

---

can't를 풀어 쓰면 can not일까요? cannot일까요?

이거 참 재미있는 질문이죠? 둘 다 맞을 것 같기도 한데~ can't는 cannot의 줄임말입니다. can not으로 쓰면 안 돼요. 틀린 말입니다. 참고로, 회화에서는 cannot보다 can't를 훨씬 많이 사용합니다.

Erica
says

~할 수 있나요?
(Can + 주어 + 동사원형 ~?)

괄호 안의 주어진 단어를 활용해 문장을 완성해 보세요. 정답은 p. 224.

MP3-**055**

1 당신 영어 할 수 있어요?
(speak English)

Can you speak English?

2 너 이거 할 수 있어?
(do it)

3 Erica 나랑 같이 갈 수 있어요?
(come with me)

4 Daniel 자전거 탈 수 있어요?
(ride a bike)

5 걔네들이 이 방 쓸 수 있어요?
(use this room)

6 당신이 내 차 고칠 수 있어요?
(fix my car)

7 저한테 말해 줄 수 있어요?
(tell me)

8 Megan 오늘 밤에 외출할 수 있어요?
(go out tonight)

9 나 좀 기다려 줄 수 있어요?
(wait for me)

10 저 화장실 가도 돼요?
(go to the washroom)

11 저 이거 가져도 돼요?
(have this)

12 우리 좀 도와줄 수 있어요?
(help us)

You can do it

Can이 질문에서 쓰일 때는 허가/요청 말고도 부탁의 뉘앙스가 있답니다. 이거요, 문장으로 익히면 바로 아하! 하고 이해할 수 있어요. 물론 상황에 따라서 가능의 의미도 될 수 있으니까 생각을 유연하게 하는 게 중요하답니다.

Can I use your book? 당신 책 좀 써도 될까요?
Can I have a can of Coke? 콜라 한 캔 주시겠어요? (해외 여행 가서 식당에서 주문할 때)

괄호 안의 주어진 단어
를 활용해 문장을 완성
해 보세요.
정답은 p. 224.

MP3-**056**

1	영어 할 수 있어요? (speak English)	*Can you speak English?*
2	저 한국어 못해요. (speak Korean)	
3	우리 일본어 할 수 있어요. (speak Japanese)	
4	그들이 우리 좀 도와줄 수 있을까? (help us)	
5	우리가 당신 도와줄 수 있어요. (help you)	
6	Erica 오늘 밤에 외출 못해. (go out tonight)	
7	나에게 말해 줄 수 있어요? (tell me)	
8	우리 이 경기에서 이길 수 있어. (win this game)	
9	저 뭐 좀 물어봐도 돼요? (ask you something)	
10	나 할 수 있어. (do it)	
11	나 좀 기다려 줄 수 있어요? (wait for me)	
12	난 걔 용서 못해. (forgive him)	

speak up!

단어가 모여 문장이 되고, 문장이 모여 멋진 회화가 됩니다. 문장을 늘리고 늘려 멋진 paragraph를 만들어 봅시다!
반드시 큰소리로 3번 ~! 정답은 p. 224.

"난 할 수 있어. 내겐 힘이 있어. 난 이 부담감을 극복할 수 있어. 난 이 경기에서 이길 수 있어."

할 수 있다 can do it   힘을 가지고 있다 have strength   부담감 pressure   극복하다 overcome
이기다 win   경기 game

Erica's
NOTE

can과 관련해 꼭 알아두어야 할 내용을 추렸어요.
꼭 읽어 보세요.

간단해 보이는 can이지만 나름 또 색다른 매력이 있어요. can의 매력으로 빠져 보실까요?

1. ~일 리가 없다

cannot은 '~할 수 없다'는 느낌 외에 '~일 리가 없다'의 느낌으로도 쓸 수 있어요. 뭔가 너무 믿겨지지 않는 상황일 때도 사용할 수 있는 거죠.

That can't be possible. 그럴 수가 없어. (게 어떻게 가능해?)
It can't be true. 사실일 리가 없어.

2. 강한 의심 표현

can의 또 다른 매력, 바로 '과연 ~일까?'처럼 강한 의혹이나 놀람을 나타낼 때도 쓸 수 있답니다.

Can he be serious? 그가 진심일까? (왠지 안 믿기는데…)
Can it be true? 그게 사실일까? (아닌 것 같아…)

3. can't와 don't는 다른 느낌

의외로 한국인들이 많이 헷갈려하는 게 바로 이 don't와 can't입니다. 이 둘의 차이점을 꼭 알아두세요.
don't ~하지 않는다 (못하는 게 아니라 안 하는 느낌) vs. can't ~할 수가 없다 (안 하는 게 아니라 못하는 느낌)

I don't eat spicy food. 나는 매운 음식을 먹지 않아. (왜? 먹을 수는 있지만 소중한 내 위를 위해 안 먹는다는 느낌)
I can't eat spicy food. 나는 매운 음식을 먹을 수가 없어. (왜? 진짜 못 먹으니깐! 알레르기가 있다든지, 또는 안 먹어 봐서.
그래서 매운 음식이 많지 않은 외국 출신 여행자들은 매운 음식을 보면 I can't eat spicy food. 이렇게 얘기하겠죠?)

4. 고급지고 정중하게 물어보려면 Could를 사용

질문할 때 좀 더 고급스럽고 정중하게 표현하고 싶다면 can 대신 could를 사용하면 좋아요.

Can you help me? 나 좀 도와줄래요?
Could you help me? 저 좀 도와주시겠어요?

SITUATION 1

나 지도 볼 줄 모른단 말이야!

A **Can you read
Google Maps?**
구글 맵 읽을 줄 알아?

B **Sorry. I can't read
maps. I am bad at
reading maps.**
미안. 나 지도 읽을 줄 몰라. 나 지도 읽는 거 정말 못하
거든.

자신이 못하는 게 상대방에게 조금 미안하
거나 멋쩍다면 Sorry를 앞에 붙여 〈Sorry,
I can't +동사원형〉으로 말해 보세요.
Sorry, I can't speak English.
죄송해요, 저 영어 못해요.

SITUATION 2

급하다고? 화장실 써도 돼.

A **I have to pee. Where is
the bathroom?**
아이구 나 오줌 마려워. 화장실 어디 있어?

B **Oh, you can use this
bathroom.**
아, 이 화장실 사용해도 돼.

SITUATION 3

사랑에 빠지지 않을 수 없다고요?
고백해야 상대방도 알죠.

A **I can't help falling in love with you.**
당신과 사랑에 빠지지 않고서 버틸 수가 없네요.

B **Oh, you're so sweet. You are my love, my heart and my life.**
아, 당신은 사랑꾼이군요. 당신은 내 사랑, 내 심장이자 내 삶이에요.

can't help+동사ing ~하지 않을 수가 없어요
I can't help thinking about you.
당신 생각을 안 할 수가 없어요.

SITUATION 4

(식당에서) 요거 요거 주세요!

A **What can I get you today?**
오늘 뭘 드릴까요?

B **Can I have an orange juice and one Caesar salad, please?**
오렌지 주스랑 시저 샐러드 하나 주세요.

Can I ~?는 '허가'나 '부탁'의 의미로도 자주 쓰인다는 것, 꼭 알아두세요. 이때 더 공손하고 정중하게 말하려면 **Could**를 씁니다.
Can I take this? 이거 가져가도 돼요?
Could I take this? 이거 가져가도 되겠습니까?

단어의
힘

빵빵한 영어의 비법은 탄탄한 어휘 실력!
영어는 우리말로, 우리말은 영어로 써 보세요.

speak	_____	한국어를 하다	_____
together	_____	자전거를 타다	_____
alone	_____	전화를 쓰다	_____
everything	_____	화장실에 가다	_____
fix	_____	나를 기다리다	_____
wait	_____	내 차를 고치다	_____
equipment	_____	나에게 말해 주다	_____
handle	_____	이 방을 사용하다	_____
cook	_____	나랑 같이 가다	_____
open	_____	그것을 하다	_____
well	_____	일본어를 말하다	_____
washroom	_____	너에게 모든 걸 말하다	_____
Japanese	_____	이 프로젝트를 마치다	_____
ask	_____	더 이상	_____
something	_____	오늘 밤에 외출하다	_____
forgive	_____	그렇게 말하다	_____
quit	_____	여기 머물다	_____
parents	_____	그걸 처리하다	_____
win this game	_____	오늘 오다	_____
tonight	_____	혼자 운전하다	_____

조동사

Should

기존의 편견을 깨는 should의 용법을 공부합니다.

L O O K   A T   T H I S !

I should study
You should study
She/He/It should study
We/They should study

I shouldn't study
You shouldn't study
She/He/It shouldn't study
We/They shouldn't study

Should I study?
Should you study?
Should she/he/it study?
Should we/they study?

▶ ❚❚ ■

~하는 게 좋겠어, ~해야 해

'~해야 해'의 의미 때문에 should를 의무의 뜻으로 알고 쓰는 분들이 많은데요, should는 꼭 해야 하는 의무의 뜻은 없어요. 진정성 있게 상대에게 추천 또는 충고의 느낌을 주는 조동사랍니다. 그렇기 때문에 should가 문장에 들어가면 느낌이 부드러워져요.

1. 권유 & 제안: ~하는 게 좋겠어요 (의무 x)
가볍게 충고나 조언, 의견의 느낌으로 사용해요.

You should take some rest.
당신 좀 쉬는 게 좋겠어요.

We should get some sleep.
우리 잠 좀 자야겠어.

2. 예상 & 추측: ~일 거야

Erica should arrive soon. Erica 곧 도착할 거야.
It should be all right. 괜찮을 거야.

3. 당연: ~해야 해 (의무 x)

I should get going. 나 이만 가 봐야겠어.
You should go now. 너 이제 그만 가야 해.

have to나 must보다는 훨씬 강도가 약해요. 왜냐하면 의무감이 zero이니까요

148

~하는 게 좋겠어요, ~일 거야, ~해야 해 (should+동사원형)

괄호 안의 주어진 단어를 활용해 문장을 완성해 보세요. 정답은 p. 224.

MP3-**057**

---

1 나 이제 집에 가야겠어.
당연 (**go home now**)

I should go home now.

---

2 괜찮을 거야.
예상 & 추측 (**be all right**)

---

3 너 내 말 들어야 해.
당연 (**listen to me**)

---

4 Erica 좀 쉬는 게 좋겠어.
권유 & 제안 (**get some rest**)

---

5 너 여기서 기다려야 해.
당연 (**wait here**)

---

6 우리 엄마 곧 여기 오실 거야.
예상 & 추측 (**be here soon**)

---

7 너 진찰 받아야 해.
당연 (**see a doctor**)

---

8 우리는 최선을 다해야 해.
당연 (**do our best**)

---

9 Erica일 거야.
예상 & 추측 (**be Erica**)

---

10 이제 준비가 되었을 거야.
예상 & 추측 (**be ready now**)

---

11 우리가 먼저 그녀에게 전화하는 게 좋겠어.
권유 & 제안 (**call her first**)

---

12 나 엄마한테 전화드려야 해.
당연 (**call my mom**)

Erica says

should는 의무나 책임이 없기 때문에 부드러운 톤으로 사용 가능하다는 것, 밑줄 쫙!!!
담배를 피우는 친구에게 말하는 두 가지 경우를 볼까요?
You should quit smoking. (담배 끊는 게 좋겠다, 야.): 부드럽게 권유하는 훈훈한 분위기죠.
You have to quit smoking. / You must quit smoking. (너 담배 꼭 끊어야 해.): 안 끊으면 큰일나는 것 마냥
범죄자 취급하는 느낌이어서 너무 강압적이잖아요. 다정다감하게 얘기할 때는 should! 잊지 마세요.

~하지 않는 게 좋겠어요,
~하지 말아야 해요
(should not + 동사원형)

괄호 안의 주어진 단어를 활용해 문장을 완성해 보세요.
정답은 p. 225.

MP3-**058**

1	너 술 마시지 말아야 해. (drink)	You shouldn't drink.
2	나 불평하지 않는 게 좋겠어. (complain)	
3	너 앞머리 자르지 않는 게 나아. (cut your bangs)	
4	우리 그거 하지 말아야 해. (do that)	
5	당신 음주운전하면 안 돼요. (drink and drive)	
6	이런 일이 일어나지 말아야 해. (happen)	
7	너 걔랑 같이 가지 말아야 해. (go with him)	
8	그들은 여기 있지 말아야 해. (be here)	
9	우리는 희망을 잃지 말아야 합니다. (lose hope)	
10	아이들은 혼자 있으면 안 돼요. (Children, be alone)	
11	나 더 이상 마시면 안 돼. (drink anymore)	
12	우리 그 파티에 가면 안 돼. (go to that party)	

Erica says

should not을 줄여 말하면 shouldn't로 회화에서 많이 쓰입니다. 그렇지만 강조해서 말하고 싶을 때는 You should not go there.(너 거기 가면 안 돼.)처럼 줄이지 않고 쓰면 돼요. 이때는 "아니 아니 아니 되오" 금지의 느낌이 팍 난답니다.
She should not **drink coffee**. 그녀는 커피를 마시면 안 된다고요.

~하는 게 좋겠어요?, ~해야 할까요?, ~할까요? (Should+주어+동사원형 ~?)

괄호 안의 주어진 단어를 활용해 문장을 완성해 보세요.
정답은 p. 225.

MP3-**059**

---

1 저 먼저 먹을까요?
(eat first)

Should I eat first?

---

2 우리 안에 들어갈까요?
(go inside)

---

3 내가 너 따라 갈까?
(go with you)

---

4 우리 하이브리드 차 살까?
(buy a hybrid car)

---

5 나 버스 타는 게 나을까?
(take the bus)

---

6 우리 시작할까요?
(get started)

---

7 내가 먼저 말하는 게 나을까요?
(say something first)

---

8 우리 다른 데 가는 게 나을까?
(go someplace else)

---

9 우리 Daniel 기다릴까?
(wait for Daniel)

---

10 우리 마트 갈까요?
(go to the mall)

---

11 내가 답장해야 할까?
(reply)

---

12 내가 그녀에게 데이트 신청해야 할까?
(ask her out)

저 에리카는 팀의 리더 또는 선수들을 잘 리드해야 하는 지도자 분들께 should의 중요성을 많이 교육했어요. should가 부드럽고 다정한 말투이기 때문에 훈련으로 힘들고 지친 예민한 선수들에게는 should를 사용해서 You should take a rest.(너 좀 쉬어야 해.) 이렇게 얘기할 수 있답니다. 여러분이 외국인 친구를 사귀게 된다면 진정한 마음을 담아서 should로 이야기해 보세요. 진심은 통하고 알아준답니다.

괄호 안의 주어진 단어
를 활용해 문장을 완성
해 보세요.
정답은 p. 225.

MP3-**060**

1	너 진찰 좀 받는 게 좋겠어. (see a doctor)	You should see a doctor.
2	우리 그거 하면 안 돼. (do that)	
3	나 버스 탈까? (take the bus)	
4	너 이만 떠나는 게 좋겠어. (leave now)	
5	나 너 따라 갈까? (go with you)	
6	네가 그거 하는 게 좋겠어. (do it)	
7	이런 일은 일어나면 안 돼. (happen)	
8	쉬울 거야. (be easy)	
9	우리 먼저 먹을까? (eat first)	
10	너 이제 일해야 해. (work now)	
11	네가 사과하는 게 좋겠어. (apologize)	
12	이제 준비가 되어 있을 거야. (be ready now)	

단어가 모여 문장이 되고, 문장이 모여 멋진 회화가 됩니다. 문장을 늘리고 늘려 멋진 paragraph를 만들어 봅시다!
반드시 큰소리로 3번 ~! 정답은 p. 225.

speak up!

"(나 배고픈데…) 나 짜장면 먹을까? 짬뽕 먹을까?
(나 외로운데…) 강아지 기를까? 고양이 기를까?
(나 심심한데…) 밖에 나갈까? 집에서 쉴까?"

먹다 have   강아지를 기르다 get a dog   나가다 go out   집에서 쉬다 take a rest at home

Erica's NOTE

should 관련해 꼭 알아두어야 할 내용을 추렸어요.
꼭 읽어 보세요.

1. '~해야 한다' 의미의 조동사

should ⇨ **have to** ⇨ **must**

~해야 해
(하는 게 좋으니까)
*의무가 아닌 조언

~해야만 해
(의무이니까)
*가장 기본적으로 사용

반드시 ~해야만 해
(안 하면 큰일나니까)
*가장 단호하며 의무 강요

go on a diet(다이어트를 하다) 이 표현을 이용해서 뉘앙스를 잡아 보아요.

I should go on a diet. 나 다이어트 하는 게 좋겠어.

왜냐고요? 해야 할 의무는 없지만, 다이어트 하면 좀 더 예뻐 보이니까요.

I have to go on a diet. 나 다이어트 해야만 해.

왜냐고요? 살이 많이 쪄서 몸이 진짜 무겁고, 살쪘다는 얘기 너무 많이 들어요.

I must go on a diet. 나 반드시 다이어트 해야 해.

왜냐고요? 제가 66kg 체급의 유도 선수인데, 다이어트를 안 하면 시합에 못 나가기 때문에 체중 조절은 필수거든요.

2. should의 핵심 패턴

회화랑 글에서 진짜 많이 쓰는, should를 활용한 패턴 하나 알려드릴게요. 우리가 신과 다른 건 후회를 하는 거라고 해요. '~했어야 했는데' 아님 '~하지 말았어야 했는데' 이렇게 말이죠. 이런 후회를 나타낼 때 should를 활용합니다. 우리가 알고 있는 의미는 전혀 없으니까 통째로 머릿속에 꼭꼭 넣어 두세요. 참, p.p.는 go-went-gone 같은 동사 활용에서 가장 오른쪽에 있는 gone을 지칭하는 거예요.

should have p.p.: ~했어야 했는데 (안 해서 너무 유감이고 후회스러워요)
should not have p.p.: ~하지 말았어야 했는데 (해서 너무 유감이고 후회돼요)

You should have called her first. 네가 그녀에게 먼저 전화했어야지.
I should have seen a doctor. 내가 진찰을 받았어야 했는데.
You shouldn't have called me. 나한테 전화하지 말았어야지.

SITUATION 1

있지 말아야 할 곳에 있을 때
어서 떠나자고 할 수 있어야죠.

A We shouldn't be here.
우리 여기 있으면 안 돼.

B Yes, we should probably get going.
맞아, 우리 이만 가 봐야겠다.

probably는 거의 확신에 가까운 '아마도'의
뜻이지요. 그런데 왜 probably가 should와
쓰이냐고요? 같이 쓰면 should가 지닌 추측
의 의미를 더해 주기 때문이에요. '아마도 ~
하는 게 좋을 듯한데?'의 뉘앙스를 더한답니
다.
I should probably do this.
나 이거 하는 게 좋겠어.

SITUATION 2

저 하나로 족해요.
이런 건 일어나면 안 되는 거잖아요.

A Was it a hit and run? Are you okay?
뺑소니였어요? 괜찮아요?

B I'm okay, but this shouldn't happen to anyone.
저는 괜찮지만, 누구에게도 이런 일이 일어나선 안 됩니다.

hit and run은 말 그대로 '치고 뛰어가는' 것이니 '뺑
소니'를 뜻하는 단어입니다.

SITUATION 3

큰 시합을 앞두고 팀 주장이
선수들에게 하는 말

A **The most important match is today.**
가장 중요한 경기는 오늘이다.

B **Yes. We should do our best.**
맞아. 우리는 최선을 다해야 해.

do one's best 최선을 다하다
I will do my best. 저는 최선을 다할 거예요.
I am doing my best. 저는 최선을 다하는 중입니다.
I did my best. 저는 최선을 다했습니다.

SITUATION 4

첫사랑에 대한 후회와 아쉬움을 나타낼 때

A **Are you still going out with Jessie?**
너 Jessie랑 여전히 사귀고 있니?

B **No. I broke up with her. I should have called her at that time.**
아니. 나 걔랑 헤어졌어. 그때 그녀에게 전화를 걸었어야 했는데….

되도록 후회할 일은 하지 말아야 하지만 그래도 꼭 후회를 해야 한다면(?) should have p.p. (~해야 했는데….)를 잘 활용하도록 하세요.
I should have waited for you.
너를 기다렸어야 했는데.
I should have been more careful.
내가 좀 더 조심해야 했는데.

빵빵한 영어의 비법은 탄탄한 어휘 실력!
영어는 우리말로, 우리말은 영어로 써 보세요.

all right _____ 내 얘기를 듣다 _____

rest _____ 진찰 받다 _____

resign _____ 최선을 다하다 _____

appointment _____ 음주 운전하다 _____

first _____ 버스를 타다 _____

there _____ 마트 가다 _____

probably _____ 시작하다 _____

more _____ 버스 타다 _____

bangs _____ 먼저 먹다 _____

happen _____ 혼자 있다 _____

cancel _____ 여기서 담배 피우다 _____

lose _____ 안에 들어가다 _____

hope _____ 돈이 필요하다 _____

smoke _____ 다른 데 가다 _____

inside _____ 우리 엄마한테 물어보다 _____

hybrid car _____ 여기에 있다 _____

someplace else _____ 사과하다 _____

mall _____ 너를 따라가다 _____

reply _____ 앞머리를 자르다 _____

ask her out _____ 희망을 잃다 _____

UNIT

13

조동사
Have to

의무감을 나타내는 가장 대표적인 조동사 have to의 쓰임을 공부합니다.

LOOK AT THIS!

I have to **study**
You have to **study**
She/He/It has to **study**
We/They have to **study**

I don't have to **study**
You don't have to **study**
She/He/It doesn't have to **study**
We/They don't have to **study**

Do I have to **study**?
Do **you** have to **study**?
Does **she/he/it** have to **study**?
Do **we/they** have to **study**?

조동사인 듯 조동사 아닌 have to ~해야만 한다

이번엔 have to입니다. 정확히 말해서 have to는 조동사는 아니에요. 그렇지만 should, can, will, must와 묶어 조동사라고 말한답니다. 이 have to는 무언가를 해야만 할 때 가장 보편적으로 사용하는 조동사예요.

1. **have to**는 3인칭 단수일 때 **has to**로 바뀐다

다른 건 전혀 문제가 안 되지만, 주어가 3인칭 단수일 경우에는 have to가 has to로 바뀝니다. 부정문일 때도 don't have to에서 doesn't have to로 바뀌고요. 의문문일 때는? 그렇죠. Do you have to에서 Does he have to로 바뀌는 것, 꼭 기억하세요.

2. 강요의 강조 순서

should

~해야 해 (하는 게 좋으니까)
* 필수 아닌 조언
You should **go.** 너 가는 게 좋겠어.

➡ **have to**

~해야만 해 (의무, 규칙이니까)
* 가장 기본적으로 사용
You have to **go.** 너 가야 해.

➡ **must**

반드시 ~해야만 해 (안 하면 큰일나니까)
* 가장 단호한 강요, 주관적 의무 강요
You must **go.** 너 반드시 가야만 해.

~해야만 해요
(have/has to+동사원형)

괄호 안의 주어진 단어를 활용해 문장을 완성해 보세요. 정답은 p. 226.

MP3-**061**

1 나 이제 일하러 가야 해요.
   (go to work now)

   I have to go to work now.

2 너 운전면허 소지해야 해.
   (possess your driver's license)

3 우리 내일 일찍 일어나야 해.
   (wake up early tomorrow)

4 우리 엄마 건강 검진 받으셔야 해.
   (get a health check up)

5 걔네들 곧 떠나야 해.
   (leave soon)

6 아이들은 학교에 가야 해.
   (go to school)

7 당신, 일본에서는 오른쪽에서 운전해야 해요.
   (drive on the right in Japan)

8 우리 안전벨트 매야 해.
   (wear a seatbelt)

9 우리 오빠는 회사에서 넥타이 해야 해.
   (wear a tie at work)

10 선수들은 단체복을 입어야 해요.
   (Athletes, wear team uniforms)

11 너 세금 내야 해.
   (pay your taxes)

12 나 성공해야 해.
   (succeed)

Erica says

must와 have[has] to는 어떻게 다를까요? 둘 다 분명 "해야 한다"인데 말이죠. 문장으로 확인해요.
I have to **lose some weight**. 나 살 좀 빼야겠어. (살이 쪘거든요ㅜㅜ)
I must **lose some weight**. 나 살 반드시 빼야 해. (건강에 위험 신호가 삐용삐용)

~하지 않아도 돼요
(don't/doesn't have to+동사원형)

괄호 안의 주어진 단어를 활용해 문장을 완성해 보세요.
정답은 p. 226.

MP3-**062**

1	Erica 초과근무 안 해도 돼요. (work over time)	Erica doesn't have to work over time.
2	당신 이거 안 해도 돼요. (do this)	
3	우리 술 안 마셔도 돼. (drink)	
4	너 그렇게 무례할 필요 없잖아. (be so rude)	
5	Daniel 서두르지 않아도 돼. (rush)	
6	Megan 성형 안 해도 되는데. (get plastic surgery)	
7	연아는 살 안 빼도 돼요. (lose some weight)	
8	나 내일 일찍 일어나지 않아도 돼. (wake up early tomorrow)	
9	우리 팀 다음 주에 훈련 안 해도 돼. (train next week)	
10	너 사과 안 해도 돼. (apologize)	
11	우리 걱정 안 해도 돼. (worry)	
12	당신 날 사랑한다고 말 안 해도 돼요. (say you love me)	

Erica says

don't have to는 '~하지 말아야 한다'의 뜻이 아닙니다. '~하지 않아도 된다'의 뜻인 것, 꼭 알아두세요. 그리고 don't have to가 3인칭 단수에서는 doesn't have to로 바뀐다는 거 잊지 마세요!
영화 〈인턴〉에서 70대 시니어 인턴 Ben이 주인공의 차 문을 열어 주자, 부담스러웠던 주인공이 이렇게 얘기했죠. **You** don't have to **do that**. 이러시지 않아도 돼요.

~해야 하나요?
(Do/Does+주어+have to+ 동사원형 ~?)

괄호 안의 주어진 단어를 활용해 문장을 완성해 보세요. 정답은 p. 226.

MP3-**063**

---

1 Erica가 초과근무 해야 해요?
(work over time)

Does Erica have to work over time?

---

2 나 이거 해야 해?
(do this)

---

3 우리 여기 있어야 해?
(stay here)

---

4 너 가야 해?
(go)

---

5 우리 서둘러야 해요?
(rush)

---

6 나 성형수술해야 하나?
(get plastic surgery)

---

7 그녀가 살 좀 빼야 해요?
(lose some weight)

---

8 너 일찍 일어나야 해?
(wake up early)

---

9 우리 아들 피 검사해야 해요?
(take a blood test)

---

10 내가 사과해야 해?
(apologize)

---

11 우리 걱정해야 해?
(worry)

---

12 너 업무에 복귀해야 해?
(get back to work)

You can do it

2010 밴쿠버 동계 올림픽을 지켜본 많은 외신 스포츠 해설위원들이 김연아 선수의 롱 프로그램 연기를 본 후 이렇게 얘기했죠.

I have to say that this is the best performance I've ever seen. 내가 지금껏 본 것 중에 최고의 연기였다고 말할 수밖에 없네요. (칭찬을 안 하려야 안 할 수가 없다고 표현하는 거예요.)

UNIT 13 161

괄호 안의 주어진 단어를 활용해 문장을 완성해 보세요.
정답은 p. 227.

MP3-**064**

1 나 이제 일하러 가야 해.
   (go to work now)

   I have to go to work now.

2 너 그렇게 무례할 필요는 없잖아.
   (be so rude)

3 나 이거 꼭 해야 해?
   (do this)

4 우리 내일 일찍 일어나야 해.
   (wake up early tomorrow)

5 나 (세관에) 신고해야 해?
   (declare anything)

6 선수들은 단체복을 입어야 해.
   (wear team uniforms)

7 너 꼭 오지 않아도 돼.
   (come)

8 너 일본에서는 오른쪽에서 운전해야 해.
   (drive on the right in Japan)

9 우리가 걱정해야 하나?
   (worry)

10 나 살 좀 빼야겠어.
   (lose some weight)

11 당신, 미안하다고 말 안 해도 돼요.
   (say sorry)

12 너 세금 내야 해.
   (pay your taxes)

단어가 모여 문장이 되고, 문장이 모여 멋진 회화가 됩니다. 문장을 늘리고 늘려 멋진 paragraph를 만들어 봅시다!
반드시 큰소리로 3번 ~! 정답은 p. 227.

speak up!

**"우리 내일 훈련하나요? 우리 내일 일찍 일어나야 해요?
우리 다음 주에 시합 없잖아요. 우리 좀 쉬어야 해요."**

훈련하다 train   일찍 일어나다 wake up early   시합 competition   쉬다 get some rest

have to 관련해 꼭 알아두어야 할 내용을 추렸어요. 꼭 읽어 보세요.

should에 이어 have to까지 알게 되어 상황에 맞게 쓸 수 있게 되었어요. 하지만, have to와 관련된 패턴과 유사 표현을 알고 있다면 더욱 폭넓게 활용할 수가 있답니다.

1. have to를 이용한 활용 패턴

I have to say(,) + 말하고 싶은 내용: ~라고 말할 수밖에 없겠네요

I have to say, I was very lucky. 제가 굉장히 운이 좋았다고 말할 수밖에 없겠네요.
I have to say good bye now. 이제 작별을 해야겠네요. (이제 안녕이라고 말할 수밖에 없겠네요.)

2. 구어체에서는 have to보다 have got to!

혹시 영어 문장에서 have got to 혹은 've got to라는 표현 보신 적 있나요? have to와 같은 의미로 구어체에서 have to보다 informal하게 쓰이는 표현이에요. 미드나 영화 같은 데서 정말 많이 사용하는 것이므로 꼭 익혀두세요. 특히 젊은 층에서 많이 사용한답니다.

I have to go. = I've got to go. 나 가야 해.

You have to try these cakes. = You've got to try these cakes. 너 이 케이크 먹어 봐야 해.

She has to study for the exam. = She's got to study for the exam. 그녀는 시험 공부해야

해요. *3인칭이라서 've가 아니라 's인 것에 주의

SITUATION 1

**사진에 나온 내 모습,
살이 너무 쪘어요ㅠㅠ**

A **I look chubby in the
picture. I have to lose
some weight.**
사진에서 나 통통해 보여. 살 좀 빼야겠어.

B **If you want to lose
weight, you have to
stop eating fast food.**
너 살 빼고 싶으면, 패스트푸드 먹는 것 끊어야 해.

좀 더 강력하게 안 빼면 큰일나니까 '빼야
겠어'라고 표현할 때는 I must lose some
weight. 라고 하면 됩니다.

SITUATION 2

**외국에서 물건 사면 다 세관에
신고해야 하는 건가?**

A **Do I have to declare
anything?**
나 (세관에) 신고해야 해?

B **No, you don't have to
pay taxes on anything
you buy under $300.**
아니, 300달러 미만으로 사는 거는 세금 안 내도 돼.

SITUATION 3

여행 일주일 전, 여권이 만료된
사실을 알았어요^^

A **My passport is expired now. I have to renew my passport.**
나 여권 만료됐어. 여권 갱신해야 해.

B **Me too. I lost mine last year. Let's go together.**
나도. 작년에 잃어버렸거든. 같이 가자.

new는 '새로운'이고 re는 '다시'의 의미가 있어요. 그래서 renew 는 '새롭게 하다' 즉, '갱신하다'의 뜻이 있는데요, 의외로 일상생활에서 많이 쓰입니다.

SITUATION 4

외모 콤플렉스 때문에
스트레스 받는 친구에게

A **Is Jane considering plastic surgery?**
Jane이 성형수술을 생각 중인 거야?

B **I think so, but Jane doesn't have to get plastic surgery. She is so pretty.**
그런 거 같아. 그런데 Jane 성형수술 안 해도 되는데. 되게 예쁘잖아.

'성형수술'은 의외로 plastic이라는 단어를 써서 plastic surgery라고 합니다.

단어의 힘

빵빵한 영어의 비법은 탄탄한 어휘 실력!
영어는 우리말로, 우리말은 영어로 써 보세요.

possess	_____	일하러 가다	_____
go to school	_____	일어나다	_____
wear a tie	_____	건강 검진	_____
team uniform	_____	오른쪽에서	_____
pay	_____	안전벨트 매다	_____
tax	_____	회사에서, 직장에서	_____
succeed	_____	살을 빼다	_____
work over time	_____	성형 수술하다	_____
renew	_____	피 검사하다	_____
rude	_____	업무에 복귀하다	_____
rush	_____	일본에서는	_____
apologize	_____	미안하다고 말하다	_____
passport	_____	세금을 내다	_____
blood test	_____	단체복을 입다	_____
declare	_____	술을 마시다	_____
plastic surgery	_____	내일 일찍	_____
wear	_____	여권을 갱신하다	_____
weight	_____	내일 훈련하다	_____
sorry	_____	걱정하다	_____

14

조동사
Must

가장 단호한 강요, 의무의 Must 쓰임을 공부합니다.

L O O K   A T   T H I S !

I must study
You must study
She/He/It must study
We/They must study

I must not study
You must not study
She/He/It must not study
We/They must not study

Must I study?
Must you study?
Must she/he/it study?
Must we/they study?

꼭 ~해야만 해

should/have to에 이어지는 의무 조동사 마지막 편으로 이번 시간에는 must를 공부합니다. 예전 서태지와 아이들의 노래 〈Come back home〉에서 You must come back home.이란 가사가 나와요. '반드시, 꼭 돌아와야 한다'고 엄포를 놓는 느낌이지요. 이렇듯 조동사 must는 '반드시, 꼭 ~해야만 한다'의 뜻이랍니다. must는 크게 세 가지 쓰임이 있어요.

1. 의무 & 금지: 강력한 의무, 중요함을 나타낼 때 & 반드시 하지 말아야 할 때

You must wear a seatbelt at all times.
항상 안전벨트를 매야 합니다.

Soldiers must not escape from the military unit.
군인들은 탈영을 해서는 절대 안 됩니다.

2. 추천: 말하는 화자의 개인적인 추천 & 주관적인 강조를 강력히 어필할 때

You must come to the party.
너 파티에 꼭 와야 해.

You must see this movie. It's fantastic.
너 이 영화 꼭 봐야 해. 대박이야.

3. 확신: ~인 게 틀림없어(거의 90%에 가까운 확신을 가지고 이야기)

You must be hungry. 너 배고프겠다.
You must be Erica. 네가 Erica구나.

반드시 해야만 해, ~하겠구나, ~이겠구나 (must + 동사원형)

괄호 안의 주어진 단어를 활용해 문장을 완성해 보세요. 정답은 p. 227.

MP3-**065**

1	나 너한테 꼭 뭐 말해야 하는데. (tell you something)	I must tell you something.
2	너 담배 꼭 끊어야 해. (stop smoking)	
3	김연아 선수 정말 떨리겠다. (be really nervous)	
4	너 더 열심히 일해야 해. (work harder)	
5	너 신분증 보여줘야만 해. (show your ID card)	
6	Erica가 이제는 결정을 내려야 해. (make a decision now)	
7	네가 진실을 자백해야만 해. (confess the truth)	
8	한국 학생들은 수능 시험을 통과해야 합니다. (pass an entrance examination)	
9	우리는 법을 준수해야 하죠. (obey the law)	
10	승객들은 안전벨트를 매야만 합니다. (Passengers, fasten their seatbelts)	
11	쟤네들 진짜 화나겠다. (be really angry)	
12	너 진찰 꼭 받아야 해. (see a doctor)	

Erica says

must와 have[has] to의 뉘앙스 차이

· 북미, 특히 구어체에서는 have to가 좀 더 흔히 쓰여요. have to는 일반적인 규율, 규칙이나 의무일 때 많이 사용합니다. 반면에, must는 말하는 사람의 주관적인 강요 또는 반드시 해야 하는 상황에 좀 더 많이 쓰입니다.

· must는 과거형이 따로 없어요. 따라서 과거에 '~해야만 했어'는 have to의 과거형인 had to를 씁니다.

My father had to work hard. 우리 아버지는 열심히 일하셔야만 했어.

~하면 절대 안 돼,
~하지 말아야 해
(must not + 동사원형)

괄호 안의 주어진 단어를 활용해 문장을 완성해 보세요. 정답은 p. 227.

MP3-**066**

1	선수들은 약물을 복용해서는 절대 안 됩니다. **(use drugs)**	Athletes must not use drugs.
2	너 여자한테 나이 물어보면 절대 안 돼. **(ask a woman her age)**	
3	우리는 올림픽을 놓쳐서는 절대 안 됩니다. **(miss the Olympics)**	
4	너 그거 절대 먹으면 안 돼. **(eat that)**	
5	너 늦어선 절대 안 돼. **(be late)**	
6	너 운전하면 절대 안 돼. **(drive)**	
7	너 흡연금지 구역에서 담배 피우면 절대 안 돼. **(smoke in a non-smoking area)**	
8	나 설탕 너무 많이 먹으면 절대 안 돼. **(eat so much sugar)**	
9	경찰관은 업무 시간에 술 마시면 절대 안 돼. **(Police officers, drink on duty)**	
10	아이들은 불장난해서는 절대 안 돼요. **(play with fire)**	
11	너 교실에서 껌 씹으면 안 돼. **(chew gum in the classroom)**	
12	선생님들은 욕을 해서는 안 돼요. **(use abusive language)**	

Erica says

must not은 줄이면 mustn't예요. 주로 영국에서 많이 쓰이는 편이지요. 절대 하지 말아야 한다고 강조하고 싶을 때는 줄임말보다 must와 not에 강세를 넣어서 말합니다.

강력한 금지를 나타내는 must not vs. ~할 필요/의무가 없다 don't have to
You must not smoke in the airplane. 비행기 안에서 담배 피워서는 절대 안 됩니다. (강력한 금지)
You don't have to go if you don't want. 당신이 가기 싫으면 가지 않아도 돼요. (의무 x)

반드시 ~해야 하나요?
(Must+주어+동사원형 ~?)

괄호 안의 주어진 단어를 활용해 문장을 완성해 보세요.
정답은 p. 228.

MP3-**067**

1 저 이 넥타이 꼭 해야 하나요?
　　　　must 사용 (**wear this tie**)

Must I wear this tie?

2 저 이 넥타이 해야 하나요?
　　　　　　　　have to 사용

3 우리 그 미팅 꼭 취소해야 하나요?
　　　　(**cancel the meeting**)

4 우리 그 미팅 취소해야 해요?

5 당신 꼭 가야 해요?
　　　　　　　　　　(**go**)

6 당신 가야 해요?

7 그녀가 꼭 영어를 배워야 하나요?
　　　　(**learn English**)

8 그녀가 영어를 배워야 하나요?

9 그가 꼭 택시 타야 하나요?
　　　　(**take a taxi**)

10 그가 택시 타야 하나요?

11 저 꼭 집에 11시까지 가야 해요?
　　　　(**be home by 11 o'clock**)

12 저 집에 11시까지 가야 해요?

You can do it

must를 마스터하면 무언가 강력한 금지를 할 때 키워드로 사용할 수 있기 때문에, 영어 스피킹 표현 범위가 넓어진답니다. 꼭 내 걸로 만드는 게 중요해요.

Quiz ▶
Be the champion

괄호 안의 주어진 단어를 활용해 문장을 완성해 보세요.
정답은 p. 228.

MP3-**068**

1	너 담배 반드시 끊어야 해. (stop smoking)	*You must stop smoking.*
2	선수들은 약물을 복용해서는 절대 안 됩니다. (use drugs)	
3	너 피곤하겠다. (be tired)	
4	너 신분증 보여줘야만 해. (show your ID card)	
5	너 여자한테 나이 물어보면 절대 안 돼. (ask a woman her age)	
6	우리 남편 배고프겠다. (My husband, be hungry)	
7	저희는 교복을 꼭 입어야만 해요. (wear our school uniform)	
8	나 설탕 너무 많이 먹으면 절대 안 돼. (eat so much sugar)	
9	저희 그 미팅 취소해야만 해요. (cancel the meeting)	
10	너 진찰 꼭 받아야 해. (see a doctor)	
11	너 반에서 껌 씹으면 안 돼. (chew gum in the classroom)	
12	그쪽이 제 새 코치님이군요. (be my new coach)	

단어가 모여 문장이 되고, 문장이 모여 멋진 회화가 됩니다. 문장을 늘리고 늘려 멋진 paragraph를 만들어 봅시다! 반드시 큰소리로 3번 ~! 정답은 p. 228.

speak up!

"김연아는 한국에서 국민적 영웅이죠. 김연아 선수(She) 정말 많이 떨리겠어요. 정말 많은 부담감을 가지고 있겠어요. 아름다운 그녀의 경기, 감상하시죠."

국민적 영웅 a national hero   떨리는 nervous   부담감을 가지다 have a lot of pressure   감상하다 enjoy
경기 performance

172

Erica's NOTE

must 관련해 꼭 알아두어야 할 내용을 추렸어요.
꼭 읽어 보세요.

must가 쓰이는 중요 패턴이 두 가지 있습니다. 회화에서 정말 많이 응용하고 사용되는 패턴이니 꼭 익히도록 하세요

1. must be+형용사/명사: (틀림없이) ~이겠다, ~하겠구나
어떤 상황이나 내용을 근거로 판단하는 것으로 거의 90%에 가까운 확신을 가지고 말합니다.

You must be tired. 너 피곤하겠다. (하루 종일 애들과 놀아 줬으니)
You must be starving. 너 진짜 배고프겠다. (아침 한 끼 먹고 지금까지 버텼으니)
Erica must be really angry. Erica 진짜 화났겠다. (남친이 하루 종일 잠수를 타고 있으니)
This must be a dream. 이건 꿈일 거야. (도저히 믿기지 않는 걸 보니)

2. must have p.p. ~였던 것이 틀림없다
현재가 아니라 과거에 어떤 상황이나 처지였던 게 틀림없다고 표현할 때 쓰는 패턴입니다. should have p.p.와 더불어 참 많이 쓰이는 표현이죠.

He must have cheated on me. 그가 날 두고 바람 피운 게 틀림없어.
She must have known that. 그녀가 그걸 알고 있던 게 틀림없어.

SITUATION 1

신분증이요?
저 미성년자 아니라고요!

A **I'm turning 21 next year. Do I still need a photo ID to buy alcohol?**
저 내년에 21살인데, 술 사려면 아직도 사진 있는 신분증 필요해요?

B **Yes, you must show your ID card.**
네, 신분증 꼭 보여주셔야 해요.

캐나다나 미국은 마트나 편의점에서 술을 팔지 않는답니다. 술만 따로 판매하는 주류 전문점이 있거든요. 또 외국인들은 한국인 나이를 잘 구분하기 어렵기 때문에 30살 미만이면 술을 구매하실 때, 혹시 모르니 신분증 지참하는 것 잊지 마세요.

SITUATION 2

처음 소개팅하러 나가는
친구에게 주는 유용한 팁

A **Erica, what's the question I should never ask a woman on a blind date?**
Erica, 소개팅에서 여자한테 절대 묻지 말아야 할 질문이 뭐야?

B **Well, Josh, you mustn't ask a woman her age.**
음 Josh, 여자에게 나이는 절대 물어서는 안 돼.

외국에서는 소개팅이라고 해도 여성에게 나이를 다이렉트로 묻는 건 실례일 수 있어요! 소개팅 외에도 상대에게 나이를 묻는 건 외국에서는 실례랍니다.

SITUATION 3

**올림픽 같은
큰 국제 스포츠 경기를 앞두고**

A **I can't believe the Olympics are just around the corner. I can't wait!**
올림픽이 코앞이라니 믿어지지가 않아. 너무 기대가 돼!

B **I know. We must go and see the game together.**
그러게 말이야. 우리 꼭 함께 가서 경기 봐야만 해.

Olympics vs. Olympic Games 올림픽
많은 분들이 올림픽 하면 -s가 빠진 Olympic을 생각하시더라고요. 하지만 올림픽은 Olympics 또는 Olympic Games로 표현하는 거 잊지 마세요.

SITUATION 4

**다크서클이 발등까지
내려온 걸 보니 피곤하겠구나!**

A **I couldn't sleep a wink last night.**
나 어제 한숨도 못 잤지 뭐야.

B **Why? What happened? You must be really tired.**
왜? 무슨 일 있었어? 너 진짜 피곤하겠다.

단어의 힘

빵빵한 영어의 비법은 탄탄한 어휘 실력!
영어는 우리말로, 우리말은 영어로 써 보세요.

tell		결정하다	
something		입학 시험	
really		일하러 가다	
nervous		약물을 복용하다	
harder		업무 시간에	
ID card		욕	
confess		미팅을 취소하다	
truth		담배를 끊다	
pass		여성에게 나이를 묻다	
obey		교복	
law		진실을 자백하다	
angry		불장난하다	
see a doctor		설탕을 너무 많이 먹다	
hungry		신분증을 보여주다	
age		11시까지 집에 오다	
miss		영어를 배우다	
late		넥타이를 하다	
sugar		올림픽을 놓치다	
police officer		안전벨트를 매다	
fire		법을 준수하다	
seatbelt		더 열심히 일하다	

Wh-Question
Training

조동사와 Wh-Question의 결합

When/Where/Why/How/Who/What＋조동사(can, should, have to, must)＋주어＋동사원형 ～?

*have to의 경우, wh-word 뒤에 주어와 시제에 맞게 do, does, did를 쓰고 주어 뒤에 have를 넣어야 하는 것, 꼭 기억하세요.

When 언제 → 시간 정보

When can you come?
너 언제 올 수 있어?
When should we come?
우리가 언제 와야 해? (=우리가 언제 오는 게 좋겠어요?)

Where 어디서 → 장소 정보

Where do you have to go?
너 어디 가야 하는데?
Where must I go?
내가 어디로 꼭 가야 하는데요?

Who 누구 → 사람 정보

Who should I ask? 내가 누구한테 물어야 하지?
Who can I call to fix my computer?
제 컴퓨터 고치게 누구한테 전화할 수 있나요?

Why 왜 → 이유 정보

Why does she have to leave me?
왜 그녀가 나를 떠나야만 할까요?
Why should I help him? 제가 왜 그를 도와야 하죠?

How 어떻게 → 방법 정보

How can I speak English well?
내가 어떻게 영어를 잘 할 수 있죠?
How should I submit my report?
보고서를 어떻게 제출해야 하나요?

What 무엇 → 목적, 아이디어, 행위 정보

What do we have to do next?
우리 다음에는 뭐 해야 하죠?
What should we do next?
우리가 다음에 뭐 하는 게 좋을까요?

Wh-QUESTION
조동사 1

주어진 단어를 활용해
WH-QUESTION을 만들어 보세요.
정답은 p. 228.

MP3-**069**

1	나 이제 뭐 해야 할까?	*What should I do now?*
	(do now)	
2	당신 나 언제 데리러 올 수 있어요?	
	(pick me up)	
3	우리 어디로 가야만 해요?	
	have to **(go)**	
4	당신 어떻게 3개 국어를 할 수 있어요?	
	(speak three languages)	
5	너 왜 일찍 일어나야 해?	
	have to **(get up early)**	
6	누구한테 물어보는 게 좋을까요?	
	(ask)	
7	당신은 날 위해 뭘 할 수 있는데요?	
	(do for me)	
8	그녀가 언제 병원에 가야 하나요?	
	have to **(go to the hospital)**	
9	우리가 어떻게 금메달을 딸 수 있죠?	
	(get a gold medal)	
10	왜 내가 꼭 사과를 해야 하죠?	
	(apologize)	
11	우리 언제 이 지원서 보내야 해요?	
	have to **(send this application)**	
12	우리가 어떻게 시험 공부하는 게 좋을까요?	
	(study for the test)	

Wh-QUESTION
조동사 2

주어진 단어를 활용해
WH-QUESTION을 만들어 보세요.
정답은 p. 229.

MP3-**070**

1	내가 당신을 뭐라고 부르는 게 좋을까요? (call you)	What should I call you?
2	우리가 당신을 어떻게 도울 수 있는데요? (help you)	
3	그녀가 어디서 비트코인을 살 수 있나요? (buy bitcoins)	
4	그거 당신이 언제 끝내야 하는 거예요? have to (finish it)	
5	우리가 어떻게 100세까지 살 수 있을까요? (live to 100)	
6	차를 어디에 주차해야 하나요? have to (park my car)	
7	너 회사에서 언제 나올 수 있어? (leave your work)	
8	어떻게 하면 내가 돈을 현명하게 쓸 수 있을까요? (spend my money wisely)	
9	왜 내가 모든 걸 해야만 하는 거지? have to (do everything)	
10	너 언제 들릴 수 있어? (stop by)	
11	왜 우리가 세금을 내야만 합니까? have to (pay taxes)	
12	내가 어떻게 당신 없이 살 수 있겠어요? (live without you)	

CAN, SHOULD, HAVE TO, MUST 트레이닝

주어진 동사와 조동사로
문장을 만들어 보세요.
정답은 p. 229.

MP3-**071**

---

go 가다

1 제가 몇 시에 그곳에 갈 수 있어요?
can

2 제가 몇 시에 그곳에 가는 게 좋을까요?
should

3 제가 몇 시에 그곳에 가야만 하나요?
have to

4 제가 몇 시에 그곳에 반드시 가야 하나요?
must

ask 물어보다

5 우리가 언제 코치님에게 물어볼 수 있나요?
can

6 우리가 언제 코치님에게 물어보는 게 좋을까요?
should

7 우리가 언제 코치님에게 물어봐야 해요?
have to

8 우리가 언제 코치님에게 물어봐야만 합니까?
must

do 하다

9 내가 이제 무엇을 할 수 있을까요?
can

10 내가 이제 무엇을 하는 게 좋을까요?
should

11 내가 이제 무엇을 해야만 하나요?
have to

12 내가 이제 무엇을 반드시 해야 하죠?
must

---

must를 이용한 질문은 회화에서 굉장히 드뭅니다. "~해야 해요?" 라고 물을 때는 have to를 이용하는 게 더 자연스럽습니다.

15

권유 · 청유
Let's

권유의 Let's 쓰임을 공부합니다.

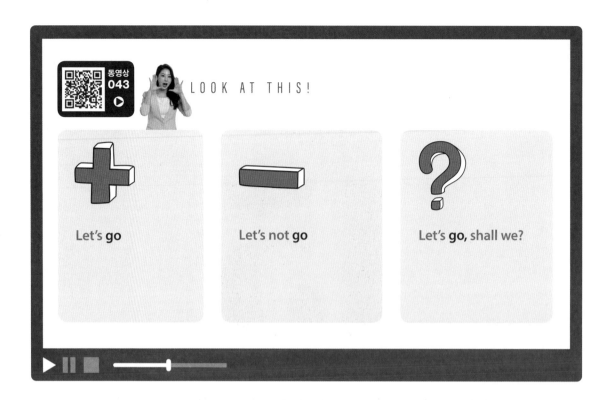

LOOK AT THIS!

동영상 043 ▶

Let's go

Let's not go

Let's go, shall we?

너와 나의 합동 Let's

Let's를 모르시는 분은 아마 없을 거예요. 나만 하는 것도 아니고 당신만 하는 것도 아니고 우리 같이 '~합시다'의 의미로 권유를 할 때 사용합니다. 생각해 보면 선생님과 학생 사이에, 또는 코치와 선수 사이에도 '~해'라고 지시하고 명령하는 것보다는 '우리 같이 ~해 보자'가 훨씬 듣기 좋잖아요. 그래서 북미에서는 명령문보다는 이렇게 Let's를 더 많이 사용한답니다.

1. 긍정문에서는 〈Let's + 동사원형〉
: 진행형이나 과거형은 x

Let's dance.
(우리) 춤 추자.

Let's help each other.
(우리) 서로 도와주자.

2. 부정문에서는 〈Let's not + 동사원형〉
: (우리) ~하지 말자/ (우리) ~하지 말아요

Let's not stay here.
(우리) 여기 있지 말자.

Let's not buy that.
(우리) 그거 사지 말자.

3. 의문문에서는 Let's + 동사원형, shall we?
: 우리 ~할까, 어때?

Let's를 사용한 문장에 shall we?를 꼬리처럼 붙여 주면 의문문의 형태로 권유문이 돼요.

Let's go swimming, shall we?
우리 수영하러 가자, 어때?

Let's have a party, shall we?
우리 파티하자, 어때?

(우리) ~하자, ~해요
(Let's + 동사원형)

괄호 안의 주어진 단어를 활용해 문장을 완성해 보세요. 정답은 p. 229.

MP3-**072**

1	(우리) 가자 이제. **(go now)**	Let's go now.
2	(우리) Erica한테 물어보자. **(ask Erica)**	
3	(우리) 전화해 보자. **(make a phone call)**	
4	경기 시작하자. **(begin the game)**	
5	우리 같이 사진 찍자. **(take a picture together)**	
6	우리 좀 쉬자. **(take a break)**	
7	그거 하자. **(do it)**	
8	우리 좀 만나자. **(get together)**	
9	우리 나가서 점심 먹자. **(go out and eat lunch)**	
10	우리 여기서 나갑시다. **(get out of here)**	
11	우리 일요일에 만나자. **(meet on Sunday)**	
12	우리 택시 타고 가자. **(go by taxi)**	

Erica says

상대에게 권유할 때 Let's를 쓰는데요, 이왕 하는 말 조금 더 공손하게 하고 싶죠? 이때는 Let's 자리에 Shall we 를 넣어 의문문으로 만들면 돼요. 그럼 '~하실까요?'의 뉘앙스가 된답니다.

Let's **go now**. 갑시다 이제.
Shall we **go now**? 이만 가실까요? (공손하고 조심스러운 느낌)

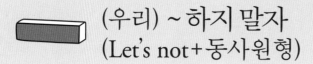

(우리) ~ 하지 말자
(Let's not + 동사원형)

괄호 안의 주어진 단어를 활용해 문장을 완성해 보세요.
정답은 p. 230.

MP3-**073**

1	우리 거기 가지 말자. **(go there)**	Let's not go there.
2	우리 패닉하지 말자. **(panic)**	
3	포기하지 말자. **(give up)**	
4	그거 가지고 우리 다투지 말자. **(argue about it)**	
5	여기 너무 오래 있지 말자. **(stay here too long)**	
6	지금 이거에 대해 논의하지 말자. **(discuss this now)**	
7	우리 너무 걱정하지 말자. **(worry too much)**	
8	오늘 테니스 치지 말자. **(play tennis today)**	
9	오늘 밤에 나가지 말자. **(go out tonight)**	
10	우리 그 얘기 또 꺼내지 말자. **(bring that up again)**	
11	지금 그거에 대해 얘기하지 말자. **(talk about it now)**	
12	우리 잊지 말자. **(forget)**	

Erica
says

Let's not+동사원형은 무언가 하지 말았으면 하는 마음을 상대방에게 전달할 때 사용할 수 있는 패턴이에요.
과거형이나 진행형으로는 사용되지 않고요. Let's는 활용이 너무너무 쉬운 편이에요.

 (우리) ~할까, 어때?
(Let's+동사원형, shall we?)

괄호 안의 주어진 단어를 활용해 문장을 완성해 보세요.
정답은 p. 230.

MP3-**074**

1	우리 이만 갈까? (go now)	Let's go now, shall we?
2	우리 엄마한테 물어볼까? (ask my mom)	
3	우리 전화해 보자, 어때? (make a phone call)	
4	시작해 볼까? (begin)	
5	우리 사진 같이 찍자, 어때? (take a picture together)	
6	우리 좀 쉬자, 어때? (take a break)	
7	그거 하자, 어때? (do it)	
8	그만둘까? (quit)	
9	우리 나가서 저녁 먹자, 어때? (go out and eat dinner)	
10	우리 여기서 나갈까? (get out of here)	
11	우리 춤출까요? (dance)	
12	우리 택시 타고 갈까요? (go by taxi)	

You can do it

상대방에게 권유할 때, 다음 세 가지 뉘앙스를 보고 상황에 맞게 쓰시면 됩니다.
Let's study English. 우리 영어 공부하자. → 가장 편안한 관계에서 '~하자'
Let's study English, shall we? 우리 영어 공부할까, 어때? → 상대방의 의견을 가볍게 물어보는 느낌
Shall we study English? 우리 영어 공부하는 게 어때요? → 더 공손하고 매너 있는 느낌

Quiz ▶
Be the champion

1	우리 전화해 보자. (make a phone call)	Let's make a phone call.
2	오늘 밤에 나가지 말자. (go out tonight)	
3	우리 춤출까요? (dance)	
4	우리 같이 사진 찍자. (take a picture together)	
5	우리 너무 걱정하지 말자. (worry too much)	
6	우리 그만할까요? (quit)	
7	우리 나가서 같이 저녁 먹자. (go out and eat dinner together)	
8	우리 패닉하지 말자. (panic)	
9	우리 월요일에 만나자. (meet on Monday)	
10	지금 이거에 대해 논의하지 말자. (discuss this now)	
11	우리 그냥 집에 있는 게 어때? (just stay home)	
12	라켓볼 하자. (play racquetball)	

단어가 모여 문장이 되고, 문장이 모여 멋진 회화가 됩니다. 문장을 늘리고 늘려 멋진 paragraph를 만들어 봅시다!
반드시 큰소리로 3번 ~! 정답은 p. 230.

speak up!

"이번 주말에 뭐 할 거야? 나 할 거 없는데. 우리 야구장 가자."

이번 주말에 this weekend   할 것이 없다 have nothing to do   가자 go   야구장 a baseball stadium

186

Erica's NOTE

Let's 관련해 알아두어야 할 내용을 추렸어요.
꼭 읽어 보세요.

1. Let's로 시작하는, 가장 많이 쓰는 표현 Top 3!

Let's grab a bite. 뭐 좀 먹자.

출출할 때, "우리 뭐 좀 먹자" 라고 하죠? 그때는 Let's eat something. 이것보다 위의 표현을 더 많이 써요. 저녁 먹은 지 얼마 안 됐는데도 뭔가 출출해서 식구들에게 "뭐 좀 먹자고요" 라고 할 때, 꼭 Let's grab a bite. 라고 표현해 보세요.

Let's get to work. 일 좀 합시다.

동료들과 쉬는 시간에 한참 수다를 떨고 있다 문득 시계를 보니 시간이 많이 흘렀어요. 그때 "일 좀 합시다" 라고 할 때 Let's work. 이 표현보다 Let's get to work. 라고 하는 게 훨씬 더 자연스럽고 영어다운 느낌을 팍팍 준답니다.

Let's call it a day. 오늘은 여기까지 합시다.

회의를 마무리하거나, 하루 일과를 마무리할 때 "오늘 여기까지 합시다!" 라고 하죠. 이때 Let's finish today. 라고 하면 참 어색해요. 이때는 Let's call it a day. 라고 하면 어색하지도 않고 분위기도 훈훈하고 좋지요. 열심히 일한 당신, Let's call it a day.

2. 하고픈 말은 많지만, 간단히 말하고 싶을 때는 Let's just say ~

말을 아끼면서 결론만 간단하게 말할 때, 혹은 복잡한 상황을 간단하게 줄여서 말할 때 Let's just say ~ 표현을 써 보세요. '~라고 해두자, 간단히 말하자면 ~야'의 의미랍니다. Let's just say 뒤에는 〈주어+동사〉를 쓰면 됩니다.

Let's just say he's not my type. 그 사람이 내 타입은 아니라고 해두자.
Let's just say they are rich. 그냥 그들이 부자라고 해두자.

SITUATION 1

길치여서 길을 헤맬 때는?
그렇죠, 물어봐야죠.

A **Where are we?
I think we're lost.**
여기 어디야? 우리 길 잃은 것 같은데.

B **Yeah, I think so. Let's
just ask people.**
응, 그런 거 같아. 사람들한테 물어보자.

길을 잃거나 잘 몰라서 사람들에게 물어볼
때는 항상 Excuse me. 로 문장을 매너 있게
시작하세요!
Excuse me. Where is the subway station?
실례합니다. 지하철 역이 어디 있나요?

SITUATION 2

친구와 여행 왔는데
숙소가 마음에 안 들면 더 안 묵어야죠.

A **This hotel is not bad but
the location is not the
best.**
이 호텔, 나쁘지는 않은데 위치가 좀 아쉽네.

B **I know. That's what I
thought. Let's not stay
here too long.**
그러게. 나도 그렇게 생각했어. 여기서 너무 오래 머물지 말자.

"나도 그렇게 생각해." 라고 상대방 말에 공감할 때
I think so. 만 쓰면 재미없잖아요. That's what I
thought! 라고도 표현해 보세요.

SITUATION 3

뭔가 매콤한 게 당기는데 같이 나갈까?

A I am craving for
something spicy.
나 왠지 매운 게 당기는데.

B So am I. Let's go out
and eat something
spicy.
나도 나도. 우리 나가서 매운 거 먹자.

갑자기 뭔가가 몹시 먹고 싶을 때 우리는 흔히 '~가 당긴다'라고 하죠. 그럴 때는 〈I am craving for + 음식/메뉴〉라고 해야 정확한 느낌을 전달할 수 있답니다.

I am craving for pizza. 나 피자가 당기네.

SITUATION 4

궁금한 건 물어봐야죠.
우리 같이 물어보는 건 어때?

A English is so hard
to learn. What's
the best way to
memorize English
vocabulary?
영어 배우기 너무 어렵다. 영어 단어를 외우는 최고의
방법은 뭘까?

B Let's ask Erica, shall
we?
Erica한테 물어보자, 어때?

빵빵한 영어의 비법은 탄탄한 어휘 실력!
영어는 우리말로, 우리말은 영어로 써 보세요.

ask	_____	전화하다	_____
begin	_____	사진 찍다	_____
together	_____	좀 쉬다	_____
meet	_____	만나다	_____
on Sunday	_____	나가다, 외출하다	_____
friend	_____	점심 먹다	_____
panic	_____	여기서 나가다	_____
argue	_____	택시 타고	_____
discuss	_____	너무 오래	_____
again	_____	너무 많이 걱정하다	_____
forget	_____	그 얘기를 꺼내다	_____
quit	_____	집에 있다	_____
dinner	_____	월요일에	_____
dance	_____	라켓볼 하다	_____
just	_____	버스 타고 가다	_____
racquetball	_____	이것에 대해 논의하다	_____
by bus	_____	친구하다	_____
happen	_____	우리 엄마한테 물어보다	_____
give up	_____	그것에 대해 이야기하다	_____
go there	_____	거기에 가다	_____

16

명령문의
Do/Don't

명령문과 연관된 Do, Don't의 쓰임을 공부합니다.

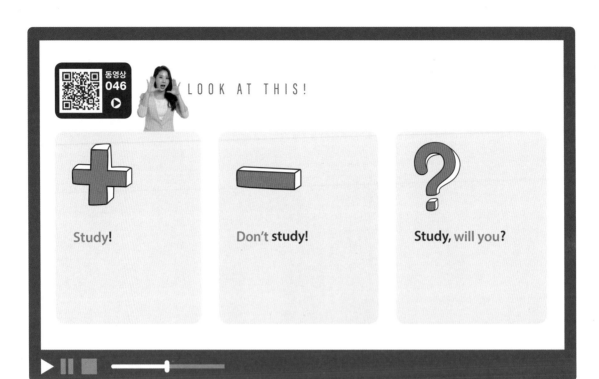

동영상 046

Study!

Don't study!

Study, will you?

명령문

명령은 '~해라, ~하세요' 또는 '~하지 마라, ~하지 말아주세요'잖아요. 이건 영어로 어떻게 표현할까요? 명령문은 참 쉬운 편이에요. 바로 동사부터 던지면서 시작하면 되니까요. 주어가 없는 참 독특한 형태입니다.

일반문: You speak English.
당신은 영어를 하는군요. (주어+동사)

명령문: Speak English!
영어 하라니깐! (주어 없이 동사부터 시작)

1. please를 붙이면 부탁의 어조로 변신

명령, 지시하는 거라서 듣는 사람이 살짝 기분 나쁠 수도 있잖아요. 좀 더 부드럽게, 친절하게, 상냥한 뉘앙스로 말하고자 한다면 문장 앞이나 뒤에 please를 사용하면 됩니다. 그럼 부탁의 어조가 되지요.

Eat this.
이거 먹어.

Please eat this. / Eat this, please.
이거 먹어요.

2. 브랜드 슬로건으로 쓰이는 명령문

나이키: JUST DO IT. 그냥 해라.

애플: THINK DIFFERENT. 다르게 생각해라.

서브웨이: Eat fresh. 건강하게 먹어라.

월마트: Save Money. Live better.
돈은 아끼고, 더 나은 삶을 살아라.

영어 문장을 보다 보면 명령문에 꼬리처럼 will you?를 붙인 걸 접할 수 있을 거예요. 그건 '(~해.) 그렇게 할 거지?'의 의미를 나타낸답니다.

Help me up, will you?
나 좀 일으켜 줄래요? (← 나 좀 일으켜 줘, 그럴 거지?)

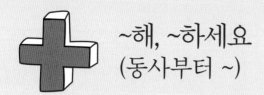

~해, ~하세요
(동사부터 ~)

괄호 안의 주어진 단어를 활용해 문장을 완성해 보세요. 정답은 p. 231.

MP3-**076**

1	나 좀 혼자 내버려 둬. (leave me alone)	Leave me alone.
2	여기서 나가. (get out of here)	
3	이따가 나한테 전화해. (call me later)	
4	여기 좀 앉아 보세요. (sit over here)	
5	나 좀 기다려 주세요. (wait for me)	
6	무슨 일이 있었는지 말해 줘. (tell me what happened)	
7	문 좀 열어 줘. (open the door)	
8	나도 데려가 줘. (take me too)	
9	오늘 밤 나와 함께 있어 줘. (stay with me tonight)	
10	불 좀 꺼 주세요. (turn off the light)	
11	TV 좀 켜 줘. (turn on the TV)	
12	숙제 좀 해. (do your homework)	

Erica says

Be동사의 명령문도 있냐고요? 당연하죠. 명령문은 일반동사, Be동사 모두 쓸 수 있답니다. Be동사의 명령형은 주로 뒤에 형용사나 명사가 온답니다.

Be **careful**. 조심해.
Be **nice to your parents**. 부모님께 잘해 드려.
Be **confident**. 자신감을 가져.

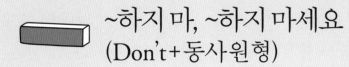 ~하지 마, ~하지 마세요
(Don't+동사원형)

괄호 안의 주어진 단어를 활용해 문장을 완성해 보세요.
정답은 p. 231.

MP3-**077**

1	어린애처럼 굴지 마. (act like a child)	Don't act like a child.
2	걱정하지 마세요. (worry)	
3	그거 만지지 마. (touch it)	
4	이성을 잃지 마. (lose your temper)	
5	그거 하지 마세요. (do that)	
6	늦지 마. (be late)	
7	아무한테도 말하지 마. (tell anyone)	
8	나한테 돈 달라고 하지 마. (ask me for money)	
9	나가지 마. (go out)	
10	시간 낭비하지 마세요. (waste your time)	
11	당신 물건 까먹지 마. (forget your stuff)	
12	강의실에서 말하지 마. (talk in the classroom)	

Erica
says

왜 부정 명령문은 Don't로 시작할까?

• 듣는 상대가 앞에 있는 당신인 you니까요. 참고로 Be동사의 명령문은 Don't be ~입니다.

Don't be **rude**. 못되게 굴지 마.　　　　　　　Don't be **angry**. 화내지 마.

• 더 강하게 부정하고 싶을 때는 문장 앞에 Don't 대신 Never를 사용해 주세요.

Don't **drink and drive**. 술 마시고 운전하지 마. Never **drink and drive**. 절대 술 마시고 운전하지 마.

 **never**

괄호 안의 주어진 단어를 활용해 문장을 완성해 보세요.
정답은 p. 231.

MP3-**078**

1 나 좀 혼자 둬.
(leave me alone)

Leave me alone.

나 좀 혼자 두세요.
(+Please)

나 혼자 두지 마.
(Don't)

나 절대 혼자 두지 마.
(+Never)

2 불 켜.
(turn on the light)

불 좀 켜 주세요.
(+Please)

불 켜지 마.
(Don't)

절대 불 켜지 마.
(+Never)

3 창문 닫아.
(close the window)

창문 닫아 주세요.
(+Please)

창문 닫지 마.
(Don't)

절대 창문 닫지 마.
(+Never)

You can do it

- 명령문의 특성상, 앞에 있는 상대(you)에게 말하는 것이기 때문에 대상이 분명하잖아요. 그래서 You를 따로 쓸 필요가 없습니다.

- 명령문이라고 해서 꼭 강한 어조이기만 한 건 아니에요. 편한 친구 사이에 가볍게 얘기할 수도 있죠. 하지만 please를 넣어서 좀 더 공손하고 부드럽게 사용하면 좋아요.

Quiz ▶
Be the champion

1	나 좀 혼자 둬. (leave me alone)	Leave me alone.
2	슬퍼하지 마. (be sad)	
3	이따가 전화해. (call me later)	
4	꽉 잡아. (hold on tight)	
5	절대 아무한테도 말하지 마. (tell anyone)	
6	무슨 일이 있었는지 말해 줘. (tell me what happened)	
7	시간 낭비하지 마. (waste your time)	
8	나 좀 기다려 줘요. (wait for me)	
9	그냥 그거 해. (just do it)	
10	불 좀 꺼 줘. (turn off the light)	
11	나한테 소리치지 마. (yell at me)	
12	나한테 화내지 마요. (be mad at me)	

speak up!

단어가 모여 문장이 되고, 문장이 모여 멋진 회화가 됩니다. 문장을 늘리고 늘려 멋진 paragraph를 만들어 봅시다!
반드시 큰소리로 3번 ~! 정답은 p. 232.

"Erica, 좀 앉아 봐. 무슨 일이야? 나한테 말해 봐. 울지 말고! 아무에게도 말 안 할게. 내가 도와줄게.
걱정하지 마. 너 곁에 내가 있잖아."

앉다 have a seat   ~에게 말하다 talk to somebody   울다 cry   말하다 tell   도와주다 help
걱정하다 worry   ~ 곁에 있다 be with someone

196

Erica's NOTE

명령문 관련해 꼭 알아두어야 할 내용을 추렸어요.
꼭 읽어 보세요.

1. ⟨Stop+동명사⟩ vs. ⟨Don't+동사원형⟩의 차이

동명사는요, 동사에 -ing를 붙인 형태를 말해요. 어, 진행형일 때도 동사에 -ing 붙이는데 하신 분! 맞아요. 센스 짱! 동사-ing는 진행형으로도 쓰이고, 동명사로도 쓰여요. 동명사로 쓰일 때는 동사 뒤에 놓여서 '~하는 것'의 의미를 띤답니다.

⟨Stop+동명사⟩는 이미 하고 있는 행동을 하지 말라고 명령하는 것이고, ⟨Don't+동사원형⟩은 아직 하지 않은 행동을 하지 말라고 명령하는 거예요. 다음 문장을 보면서 차이점을 이해하세요.

Stop dancing. 춤 그만 춰. (그게 춤이니? 창피하다. 얘)

Don't dance. 춤 추지 마. (거긴 전문 춤꾼들만 추는 곳이나 넌 안 돼.)

Stop smoking. 담배 그만 피워. (도대체 몇 개피째 피우는 거야?)

Don't smoke. 담배 피우지 마. (여기 금연구역이니까 처음부터 피울 생각지 마.)

Stop nagging. 잔소리 좀 하지 마. (잔소리 중인 남편/부인에게)

Don't nag. 잔소리 하지 마. (앞으로 잔소리 하지 마.)

2. **Don't forget to+동사원형** ~하는 거 잊지 마

중요한 사항이니까 잊지 말고 하라고 말할 때 자주 쓰는 패턴입니다.

Don't forget to call your mom. 너희 어머니께 전화 드리는 거 잊지 마.

Don't forget to lock the door. 문 잠그는 거 잊지 마.

이럴 땐 이렇게!

SITUATION 1

우리를 강도 용의자로 오해한 경찰이
갑자기 들이닥쳐서 하는 말은?

A **Get down on your knees.**
무릎 꿇어.

B **We are in trouble.**
우리 큰일났다.

미드나 영화를 보면 경찰이 들이닥치면서
항상 하는 말이죠. 이런 장면이 나오면 Get
down on your knees! 요 표현이 나오는지
꼭 귀를 쫑긋 세우고 들어보세요!

SITUATION 2

돈 꿔 달라고 슬슬 냄새 풍기는 친구,
단호하게 거절할 때는 어떻게?

A **I don't have any money.**
나 돈이 하나도 없네.

B **Don't ask me for money.**
나한테 돈 달라고 하지 마.

'나 돈 없어.' 라고 표현할 때 I don't have any
money. 라고 할 수도 있지만 유사 표현으로 I'm
boke. (나 빈털터리야.) 라고도 할 수 있어요.

SITUATION 3

갑자기 우는 친구.
도대체 무슨 일이 있었던 것일까?

A **Why are you crying? Tell me what happened.**
왜 울어? 무슨 일이 있었는지 나한테 말해 봐.

B **I broke up with my boyfriend. Actually he dumped me.**
나 남자친구랑 헤어졌어. 아니 솔직히 걔가 나 찼어.

연애, 잘 사귀고 잘 헤어져야 합니다. '사귀다'는 영어로 뭐라고 표현할까요? go out with somebody
반대로 '헤어지다'는 break up with somebody

SITUATION 4

신기하다고 막 만져 보면 큰일나요.

A **What's this? This is so cool.**
이게 뭐야? 이거 진짜 멋진데.

B **Don't touch it. This is very pricey.**
그거 만지지 마. 이거 되게 비싸.

무언가가 비싸다고 할 때는 expensive 또는 pricey로 표현하세요.

alone	_____	나중에, 이따가	_____
get out of here	_____	나를 데려가다	_____
sit	_____	나와 함께 있다	_____
door	_____	(불 등을) 끄다	_____
open	_____	(불 등을) 켜다	_____
light	_____	무릎 꿇다	_____
knee	_____	강의실에서	_____
child	_____	꽉 잡다	_____
touch	_____	시간을 낭비하다	_____
temper	_____	창문을 닫다	_____
waste	_____	이성을 잃다	_____
stuff	_____	그걸 만지다	_____
push	_____	어린애처럼 굴다	_____
never	_____	걱정하다	_____
close	_____	나를 돕다	_____
window	_____	여기에 좀 앉다	_____
money	_____	나에게 전화하다	_____
mad	_____	~를 홀로 두다	_____
tight	_____	문을 열다	_____
just	_____	물건을 잊지 않다	_____
do one's homework	_____	~처럼	_____

Erica's Tip

발음과 단어,
이렇게 해 보세요!

영어 발음 훈련은 Tongue Twister로!

영어로 말할 때 어디에 강세를 두어야 하는지, R이나 L 발음은 제대로 잘하고 있는지, Th 번데기 발음은 잘하고 있는지 궁금할 때가 있습니다. 이뿐일까요? Intonation(영어의 억양)은 어떻게 해야 하는지, 발음 공부는 어떻게 해야 하는지 도통 감을 못 잡을 때가 많습니다. 이럴 때 가장 재미있게 발음 훈련을 할 수 있는 방법이 바로 tongue twister입니다.

선수들도 운동하기 전에 워밍업을 하듯이, 영어 말하기 훈련하기 전에 이런 발음 연습을 하루에 3-5분씩만 꾸준히 하면 억양과 발음이 매우 정확해질 겁니다. 욕심내지 말고 하루에 하나씩만 아래 tongue twister 훈련을 해보세요.

▸ Why do you cry Willy? Why do you cry? Why Willy? Why Willy? Why Willy why?

▸ Can you can a can as a canner can can a can?

▸ Stupid superstition

▸ World wide web

▸ I wish to wish the wish you wish to wish, but if you wish the wish the witch wishes, I won't wish the wish you wish to wish.

▸ I scream, you scream, we all scream for ice cream!

▸ A big black bug bit a big black dog on his big black nose!

▸ Green glass globes glow greenly.

▸ I thought, I thought of thinking of thanking you.

▸ I was born on a pirate ship.

▸ She sees cheese.

▸ I would if I could! But I can't, so I won't!

▸ Freshly fried fresh flesh

Tongue
Twister

스토리텔링 어휘 학습법

영어 단어, 어떻게 하면 잘 외울 수 있을까요? 보통 사람들이 단어 뜻만 외우는 경우가 많아요. obligation=의무, responsibility=책임감, detest=혐오하다 이렇게 말이죠. 하지만 이렇게 하면 뜻만 외웠을 뿐, 문장의 쓰임새를 익히지 못했기 때문에 내 영어라고 보기 힘듭니다. 회화에서는 그렇게 뜻만 익히는 방법을 권하지 않아요. 저 에리카가 추천하는 영어 단어 학습법은 바로 "스토리텔링 영단어 학습법" & "픽토그램 영단어 학습법"입니다.

스토리텔링 영단어 학습법은 스토링텔링을 하여 단어를 익히는 법이에요. 처음에는 스토리 만드는 게 더 어려울 수 있으나, 점차 익숙해지면 흥미롭고 창의적인 스토리로 익히는 것이기 때문에 단어가 머릿속에 더 잘 남는답니다.

다음은 감정을 표현할 때 사용하면 좋은 감정 관련 영어 단어 리스트입니다. 이 단어들을 우리 선수들이 어떻게 스토리텔링으로 외웠는지 살펴 보세요!

〈감정〉 관련 스토리텔링 영단어

afraid (두려운) = 어느 날 프래이드(?) 치킨을 먹으며 TV를 보는데 드라큘라가 나온다면 두렵겠죠?

angry (화가 난) = 빨간 새가 나에게 다가온다. 빨간 건 화가 잔뜩 났다는 것인데. 아, 앵그리 버드 캐릭터가 그래서 빨간 색이구나~!

confused (헷갈리는) = (전기가 나간 어두운 방 안) 컨테이너에 분명 퓨즈가 있다고 그랬는데… 어떤 컨테이너를 말하는 걸까? 헷갈리네.

jealous (질투 나는) = (소개팅에 나가려고 열심히 준비 중이나 머리 손질이 잘 안 돼서 짜증나는 상황) 헤어젤을 발라서 머리 모양이 너무나 잘된 비너스 몸매를 가진 친구를 보니… 질투가 나네.

lonely (외로운) = Lonely night ~ 론리 night ~~ 우리에게 익숙한 그 노래~~

proud (자랑스러운) = (애기인 줄만 알았는데 다 큰 아들을 보며) 어느새 커서 프로선수가 되어 클라우드 맥주를 마시고 있다니. 자랑스럽구나 내 아들.

nervous (떨리는, 초조한) = (상대를 바라보면서) 널 보면 비슷하게 생긴 걔가 떠올라. 내 과거 연인. 그래서 널 보면 떨리고 초조해져.

embarrassed (부끄러운, 당황스러운) = (철딱서니 없는 동생에게) 임신해서 배가 나와 힘든 임신부에게 자리를 양보하지 않다니, 부끄럽다, 부끄러워!

픽토그램 영단어 학습법

픽토그램 영단어 학습법은 단어를 스토리텔링이나 내레이션처럼 이야기를 만들기보다는 단어에 가장 잘 맞는 사진을 머릿속에 넣어서 단어의 뜻을 확실히 잡는 학습법입니다. 그래서 가끔 google.com의 사진 창에다 단어를 치면 관련 사진들이 많이 나온답니다. 다음 예를 한번 보실까요?

Neck and neck

뜻: 막상막하인

유래: 경마에서 유래된 표현입니다. 질주할 때 보면, 마치 말들이 목과 목을 나란히 하고 달리는 것 같다는 느낌에서 나온 표현이지요. 실생활에서는 Wow. The game was neck and neck. (우와. 그 경기 막상막하였어.) 이렇게 쓸 수 있습니다. 주로 테니스, 축구, 농구, 배구 경기 때 해설위원이 많이 사용하는 표현입니다.

No sweat

뜻: 문제없어.

유래: sweat은 '땀'입니다. 땀은 노동을 나타내죠. 즉, '땀이 안 나는 건 힘든 일이 아니다'의 느낌으로, No problem.(아무 문제없어.)의 의미로 사용하는 표현이에요. 이제는 No problem만 사용하지 말고 No sweat도 같이 사용해 보세요.

A **Can you help me?**
나 좀 도와줄 수 있어?

B **No sweat.** 그럼, 문제없어.

pictogram
English

Answers

+, −, ?,

Quiz,

Speak up
&
Wh-Question Training

정답

UNIT 1   Plus

1   I am Erica.
2   I am fine.
3   She is my friend.
4   My name is Linda
5   It is far.
6   We are ready.
7   She is sexy
8   It is 9 o'clock.
9   It is hot today.
10 English is hard.
11 I am from Korea
12 Daniel is a journalist.

UNIT 1   Minus

1   I am not Erica
2   He is not an English teacher.
3   She is not my co-worker.
4   We are not soccer players.
5   They are not stupid.
6   I am not sad.
7   She is not wise.
8   It is not 5 o'clock.
9   It is not windy today.
10 TOEIC is not easy.
11 They are not policemen.
12 Cigarettes are not healthy.

UNIT 1   Question

1   Am I pretty?
2   Are you a Spanish teacher?
3   Are you ready?
4   Is it today?
5   Are they Chinese?
6   Are you happy?
7   Is your girlfriend tall?
8   Is it 8 o'clock?
9   Is it rainy today?
10 Are you a student?
11 Is it salty?
12 Is he a coach?

UNIT 1   Quiz: Be the champion

1   Her name is Sarah.
2   I'm a teacher.
3   This is my book.
4   Are you hungry?
5   I'm not mad.
6   Excuse me, are you married?
7   No. They're twins.
8   Is this yours?
9   It's not 8 o'clock.
10   Is she Korean?
11   Is he an athlete?
12   She is my wife.

Speak up! Hello. I'm Erica. I'm not Korean. I'm Canadian and I'm an English teacher. Are you Korean? Or are you Chinese? Aha, you're Japanese. Nice to meet you!

UNIT 2   Plus

1   I love you.
2   We read a book.
3   I like you.
4   We enjoy sports.
5   I have breakfast.
6   We take a subway.
7   They take a taxi.
8   I drink coffee.
9   You hate me.
10   I trust you.
11   They drink beer.
12   I buy a book every week.

UNIT 2   Minus

1   I don't love you.
2   I don't know.
3   You don't have a dream.
4   We don't watch soccer games.
5   I don't eat fish.
6   We don't take a taxi.
7   They don't work.
8   I don't drink coffee.
9   I don't trust you.
10   I don't hate you.
11   They don't listen to music.
12   I don't see you.

UNIT 2   Question

1   Do you love me?
2   Do we study?
3   Do you like me?
4   Do we play basketball?
5   Do you know me?
6   Do we practice today?
7   Do you speak English?
8   Do you drink?
9   Do you work out?
10 Do they hate me?
11 Do you have a girlfriend?
12 Do you cook?

UNIT 2   Quiz: Be the champion

1   Do you like this?
2   I don't study English at home.
3   We live in Jamshil.
4   Do you have any idea?
5   Do you like me?
6   I don't have money.
7   Do you love her?
8   Figure skaters train every day.
9   National athletes live in Jincheon training village.
10 Do they know you?
11 I don't know.
12 Do you love me?

Speak up! Hello. I'm Erica. I love sports. Do you like sports? Sports are fun and exciting. I always watch sports games. I don't watch dramas.

UNIT 3   Plus

1   She works every day.
2   Erica takes a shower.
3   He loves me.
4   Megan goes shopping.
5   Jason watches TV every day.
6   He takes a subway.
7   Daniel has a dream.
8   He tries hard.
9   Erica teaches English.
10 Erica needs you.
11 My team goes swimming.
12 Your roommate plays soccer.

UNIT 3   Minus

1   She doesn't work every day.
2   It doesn't matter.
3   He doesn't love me.
4   My mom doesn't know it.
5   It doesn't make sense.
6   My computer doesn't work.
7   My roommate doesn't care.
8   The child doesn't smile.
9   He doesn't understand this situation.
10   It doesn't hurt.
11   My teacher doesn't do her job.
12   My coach doesn't worry.

UNIT 3   Question

1   Does she work every day?
2   Does Erica drive?
3   Does he like me?
4   Does it matter?
5   Does your team train in the morning?
6   Does he take a bus?
7   Does Daniel play the guitar?
8   Does she have a brother?
9   Does she have brothers?
10   Does he have a cold?
11   Does he still miss me?
12   Does your friend live in here?

UNIT 3   Quiz: Be the Champion

1   Does your sister have a boyfriend?
2   It snows a lot in Toronto.
3   Does your husband like fish?
4   Does Erica speak French?
5   English helps me a lot.
6   He doesn't like me.
7   Jason doesn't have time.
8   It doesn't matter.
9   My husband doesn't smoke.
10   Erica goes on a diet.
11   She doesn't eat out.
12   It doesn't make sense.

Speak up! It is very cold in Canada. And it snows a lot. My brother lives in Canada. He doesn't like sports. But he loves music. He is a jazz musician. Do you have siblings?

UNIT 1~3   Wh-Question 1

1   What is your name?
2   Who are you?
3   How are they Chinese?
4   Who is she?
5   Why are you always sad?
6   When is her birthday?
7   Where is your home?
8   Who is your team leader?
9   What is that?
10   Why is this so expensive?
11   Who is your new coach?
12   Where is your brother?

UNIT 1~3   Wh-Question 2

1   Why do you love me?
2   What do you want?
3   What does she need?
4   Who do I trust?
5   How do I live?
6   Where do you meet your friends?
7   What does she know?
8   When does your mother come home?
9   Who do you know here?
10   Why does he stop?
11   When do you wake up?
12   How do you get to work?

UNIT 1~3   Wh-Question 3

1   How many children do you have?
2   What kind of music do you like?
3   How long is the airport?
4   What time do you sleep?
5   How often do you meet your girlfriend?
6   What kind of sports do they like?
7   How much does it cost?
8   What time do you finish?
9   How much do you spend?
10   How often do they go?
11   What time do you get home?
12   How much do you need?

UNIT 4   Plus

1   I was lonely.
2   He was an English teacher.
3   We were friends.
4   She was a figure skater.
5   It was a good day.
6   I was really hungry.
7   She was sexy.
8   It was 9 o'clock.
9   It was hot yesterday.
10   The test was hard.
11   I was popular.
12   The movie was so boring.

UNIT 4   Minus

1   It was not me.
2   We were not happy.
3   She was not my roommate.
4   Erica wasn't there.
5   We weren't ready.
6   I was not sad.
7   She was not a wise person.
8   It was not 5 o'clock.
9   He wasn't my type.
10   My life was not easy.
11   WiFi was not fast.
12   The hotel was not clean.

UNIT 4   Question

1   Was I a good teacher?
2   Were you a national athlete?
3   Was she your neighbor?
4   Were you lonely?
5   Were they kind?
6   Were you happy?
7   Was your girlfriend pretty?
8   Were they Canadian?
9   Was it snowy yesterday?
10   Was it fun?
11   Was it 8 o'clock?
12   Was he in Paris?

UNIT 4   Quiz: Be the Champion

1   It was my dream.
2   I was not angry.
3   Were you late?
4   My life was terrible.
5   They were students.
6   We were soldiers.
7   Were you sick?
8   Were you there?
9   It wasn't 8 o'clock.
10   She was not Korean.
11   The hotel wasn't far.
12   She was my wife.

Speak up! I was 19 years old in 2010 Vancouver Olympic Games. The Olympics was very important. Sports were everything for me. Training was very hard and I was always tired. My goal was a gold medal.

UNIT 5   Plus

1   I lived in Canada.
2   We enjoyed the game.
3   I talked on the phone for 30 minutes.
4   We waited for one hour.
5   She helped me.
6   He called me yesterday.
7   We invited her.
8   You promised me.
9   My mom answered the phone.
10   It rained yesterday.
11   The figure skater jumped.
12   He stopped the car.

UNIT 5   Minus

1   I didn't live in China.
2   We didn't enjoy sports.
3   They didn't like a dog.
4   The concert didn't start.
5   My boyfriend didn't help me.
6   I didn't do it.
7   I didn't invite her.
8   I didn't promise anyone.
9   We didn't cook.
10   They didn't dance.
11   The volleyball player didn't smile.
12   We didn't buy anything.

UNIT 5   Question

1   Did she come?
2   Did you call me?
3   Did I make a mistake?
4   Did you do it?
5   Did she cry?
6   Did they give up?
7   Did he buy a car?
8   Did you go there?
9   Did she say that?
10 Did they call you?
11 Did you drink a lot yesterday?
12 Did you finish your homework?

UNIT 5   Quiz: Be the Champion

1   Did you send the e-mail?
2   Did you call me?
3   Max didn't write anything.
4   I finished my project.
5   She didn't like the idea.
6   We followed them.
7   He didn't drink anything.
8   Did he play soccer?
9   Did it rain yesterday?
10 It didn't snow.
11 She didn't say anything.
12 Did he clean the room?

Speak up! I called you yesterday but you didn't pick up the phone. I worried! Were you busy yesterday? I watched a movie alone. I was lonely.

UNIT 6   Plus

1   I began my study.
2   She broke the cup.
3   They built the house.
4   Erica came yesterday.
5   I did it.
6   We drank too much.
7   You ate it.
8   Sorry. I forgot.
9   My mom gave it to me.
10 They went to the hospital.
11 We heard the news.
12 I made a reservation.

UNIT 6　Minus

1　She didn't sell the car.
2　We didn't go to the party.
3　He didn't become the champion.
4　I didn't break anything.
5　They didn't bring anything.
6　I didn't do it.
7　She didn't pay the money.
8　I didn't feed the dog.
9　We didn't find anything.
10　I didn't forget.
11　My mom didn't get the message.
12　We didn't buy anything.

UNIT 6　Question

1　Did she come to the office?
2　Did you drive to work?
3　Did I make a mistake again?
4　Did you do it alone?
5　Did he lose the final game?
6　Did they give up?
7　Did he buy a car without permission?
8　Did you go alone?
9　Did they break up 2 weeks ago?
10　Did you take medicine?
11　Did you drink a lot last night?
12　Did you eat something?

UNIT 6　Quiz: Be the Champion

1　Did you eat that?
2　I didn't eat that.
3　I ate too much.
4　They went to school.
5　Did they go to school?
6　She didn't have time.
7　I found the key.
8　I slept well.
9　We didn't sleep well.
10　Did you sleep well?
11　I broke that window.
12　Megan bought this new watch.

Speak up! Erica, did you watch the game? She was so beautiful. She is the best woman athlete. Her performance was amazing. She was the best of all.

UNIT 4~6   Wh-Question 1

1   Who was that man?
2   What was that?
3   Where did you put it?
4   When did she go?
5   What did you do?
6   When did you take a shower?
7   When did she wake up?
8   Who was your favorite athlete?
9   What was your favorite movie?
10 How was your weekend?
11 How was your school?
12 How was your work?

UNIT 4~6   Wh-Question 2

1   What did you say?
2   What did they tell other people?
3   What was your phone number?
4   Why did you call me yesterday?
5   When did she come home?
6   Where were you yesterday?
7   Why were you so tired?
8   Why did Erica wait?
9   How was your Christmas?
10 Why did we lose the game?
11 What was her name?
12 When was your birthday?

UNIT 4~6   Wh-Question 3

1   How much did you pay?
2   What time did you call?
3   How often did you study?
4   What color did you buy?
5   How long did you wait?
6   How much did you miss me?
7   What time did you come?
8   How often did he play soccer?
9   What color did she like?
10 How long did they train?
11 What color did they pick?
12 How long did you skate?

UNIT 7   Plus

1   I will call you later.
2   Erica will come soon.
3   I will help you.
4   She will arrive tomorrow.
5   Erica will finish the work.
6   I'll get you.
7   I'll win the match.
8   We'll buy the tickets.
9   He'll do it for you.
10 I'll stay home.
11 They'll understand you.
12 I'll call a taxi.

UNIT 7   Minus

1   I won't tell her.
2   She won't win.
3   They won't come tonight.
4   I will not go to the cinema.
5   He won't play tennis tomorrow.
6   They won't take the bus.
7   I won't tell anyone.
8   He won't give up.
9   He won't do it.
10 She won't listen.
11 They will not stay here.
12 I won't help you.

UNIT 7   Question

1   Will you do it?
2   Will he come here?
3   Will they go to America?
4   Will you help me?
5   Will he meet me tomorrow?
6   Will you start this?
7   Will Erica arrive soon?
8   Will you come early?
9   Will you cook for me?
10 Will Daniel dance with me?
11 Will he study hard?
12 Will she win the gold medal?

UNIT 7   Quiz: Be the Champion

1   Will you tell him?
2   He will go to England.
3   I will meet him tomorrow.
4   He won't sing.
5   He will not buy a car.
6   I will always help you.
7   Will you come with me?
8   He will stay for dinner.
9   I will not give up.
10   He will do it later.
11   They will fix the car.
12   Will she dance?

Speak up! Erica, I think I will be in love with you. I'll be a good husband. I'll do everything for you. I won't make you cry. Will you marry me?

UNIT 8   Plus

1   I am going to be a skater.
2   We are going to visit India next year.
3   She is going to quit her job.
4   We are going to move out.
5   My mom is going to call you soon.
6   My family is going to get a dog.
7   He is going to be an actor.
8   It is going to be difficult.
9   We are going to paint our home.
10   They are going to immigrate to Canada.
11   I am going to visit my parents.
12   Helen is going to have a baby soon.

UNIT 8   Minus

1   She is not going to help me.
2   I am not going to eat anything.
3   Jason is not going to pay for you.
4   They are not going to tell you.
5   She's not going to make dinner tonight.
6   It's not going to be easy.
7   Nancy is not going to be a doctor.
8   Russia is not going to participate at the Olympics.
9   I'm not going to quit smoking.
10   She's not going to go on a diet.
11   I'm not going to lose you.
12   Jason is not going to drive the car.

UNIT 8   Question

1   Are you going to go to Paris this summer?
2   Is Erica going to live with you?
3   Are you going to retire this year?
4   Is your sister going to have a baby soon?
5   Are they going to take a rest?
6   Are you going to share the information?
7   Are they going to marry next month?
8   Is it going to rain?
9   Are you going to go to overseas training this summer?
10   Is it going to snow on Christmas Day?
11   Is he going to buy a Porsche?
12   Are you going to take a driving test this year?

UNIT 8   Quiz: Be the Champion

1   I'm going to meet my boyfriend later.
2   Nancy is not going to go to college.
3   Are you going to retire soon?
4   Megan is going to have a baby soon.
5   She's going to open a restaurant next month.
6   Are you going to be a lawyer?
7   My brother is going to buy a house.
8   It's going to be hard.
9   It's not going to be easy.
10   I think it's going to snow.
11   Are you going to meet Jason tonight?
12   Are you going to look for a new job?

Speak up! Hello. I'm a national Taekwondo player. Olympics is my dream. I'm going to train hard. And I'm going to participate at the Olympics. I'm going to get a gold medal in four years. Cheer for me!

UNIT 7~8   Wh-Question 1

1   Where will you go?
2   What will you do now?
3   How will you do that?
4   When will you tell your parents?
5   What time will you play tennis?
6   When will you graduate?
7   Where will you be next week?
8   When will the game finish?
9   What time will you come here?
10   What will she say?
11   When will you give an answer?
12   When will they go fishing?

UNIT 7~8   Wh-Question 2

1   What are you going to do next?
2   Where are we going to go on the weekend?
3   Where are you going to go this summer?
4   How are you going to get home?
5   What are we going to eat on Friday night?
6   Where are we going to spend our summer vacation?
7   How are you going to study English?
8   What are you going to take?
9   What are you going to buy?
10 When are you going to get a haircut?
11 Where are we going to meet again?
12 Why is he going to give up smoking?

UNIT 7~8   Wh-Question 3

1   How much are you going to spend on your vacation?
2   How long will it last?
3   What time are you going to get up tomorrow?
4   How much will you pay?
5   How much are you going to save?
6   Why will they come?
7   Who will come to the party?
8   What time will they arrive here?
9   How long are you going to live in here?
10 What time are you going to go to bed tonight?
11 How long will you be in the USA?
12 How long is it going to rain?

UNIT 9   Plus

1   I am watching TV.
2   Julia is having lunch now.
3   He's always drinking.
4   It's always raining in Vancouver.
5   Daniel is dancing tonight.
6   I am talking to my friend.
7   Linda is using a computer.
8   She is showing the report.
9   I'm going to a club tonight.
10 My mom is leaving tonight.
11 The skaters are getting ready.
12 I am taking a bath.

UNIT 9　Minus

1　I'm not watching TV with my family.
2　Julia isn't having lunch.
3　My brother isn't driving his car.
4　It's not raining anymore.
5　I'm not going later.
6　I'm not talking to anyone now.
7　Linda isn't using a phone now.
8　She isn't working on the project.
9　They aren't taking the TOEIC test today.
10　I'm not doing anything now.
11　She isn't eating anything.
12　I'm not relaxing at home.

UNIT 9　Question

1　Are you watching the movie?
2　Is Julia eating breakfast?
3　Is my brother driving my car right now?
4　Are you coming later?
5　Is Daniel dancing with a lady?
6　Are you talking to me?
7　Are you always lying to people?
8　Is she working tonight?
9　Are you taking any class this summer?
10　Are you planning to travel?
11　Are you eating something now?
12　Are you relaxing at home?

UNIT 9　Quiz: Be the Champion

1　Are you talking to me?
2　I'm not doing anything now.
3　I'm talking to my professor.
4　She isn't eating anything.
5　Are you going out tonight?
6　Is it always raining here?
7　My husband isn't listening to me now.
8　Are they planning something?
9　Are you driving now?
10　Is she coming later?
11　I'm working now.
12　My sister is always watching drama.

Speak up! Are you asking me? I'm getting ready for the match. I have no time. I'm having an interview later. See you later.

UNIT 10 Plus

1   I was sleeping in my room.
2   Erica was washing the dishes.
3   He was sitting outside.
4   My parents were working at 10 o'clock.
5   I was watching a movie.
6   The band was playing hit songs.
7   It was raining outside.
8   My son was doing his homework.
9   My father was lecturing.
10 We were watching the sunset.
11 Megan was looking for her bag.
12 I was talking to my friend.

UNIT 10 Minus

1   I wasn't sleeping at 6.
2   Erica was not listening to me.
3   You were not studying.
4   The sun wasn't shining.
5   The children weren't playing.
6   They weren't working at home.
7   It wasn't raining at this time yesterday.
8   Mandy wasn't feeding her dog.
9   I wasn't making dinner.
10 They weren't watching a film.
11 Megan wasn't shopping at this time yesterday.
12 I wasn't having a bad dream.

UNIT 10 Question

1   Were you studying?
2   Were Jason and Daniel playing football?
3   Were you talking to my brother?
4   Was it snowing?
5   Was it raining at this time yesterday?
6   Was the baby sleeping?
7   Were you working on Christmas Eve?
8   Was my mom looking for my dog?
9   Were you waiting for me at this time yesterday?
10 Was Erica waiting for the taxi?
11 Was Jason playing drums?
12 Was my child crying on the street?

UNIT 10 Quiz: Be the Champion

1   I wasn't sleeping.
2   I was waiting for the bus.
3   Were you driving at this time yesterday?
4   Was Erica waiting for me?
5   I was working at 10 o'clock.
6   It wasn't raining outside.
7   It was snowing at this time yesterday.
8   Were you doing your homework?
9   I was having a beautiful dream.
10 Were you sleeping?
11 I wasn't doing anything.
12 Were you doing something?

Speak up! I was working at this time yesterday. So I missed a call. Well, I was wondering if you could help me.

UNIT 9~10 Wh-Question 1

1   When are you having lunch?
2   Why is Erica bleeding?
3   What are you doing now?
4   When are you coming?
5   Who is Erica drinking with?
6   What are they thinking?
7   When is Daniel visiting his parents?
8   What are Erica and Jason loading?
9   Why are they losing at the game?
10 Where are you going?
11 What is your brother looking for?
12 How are you spending your time?

UNIT 9~10 Wh-Question 2

1   What were you doing?
2   How were you taking a shower?
3   Why were you listening to music?
4   What were they eating?
5   Who was Erica drinking with?
6   What were they thinking?
7   What was Erica reading five hours ago?
8   What were Erica and Jason studying?
9   Why were you driving at 7 this morning?
10 Why was it snowing in summer?
11 What was your brother looking for at this time yesterday?
12 How was she travelling?

UNIT 9~10 Wh-Question 3

1   What am I doing?
2   When was he writing an email?
3   When are they coming?
4   Where were you standing?
5   What are you watching?
6   Who was I talking to? I can't remember.
7   When are we having the test?
8   Why was he waiting?
9   When are you leaving school?
10 What company are you working for?
11 Where was Erica going at 10 last night?
12 What was the police officer telling us?

UNIT 11 Plus

1   I can speak English.
2   We can do it together.
3   You can go home now.
4   Erica can drive alone.
5   My mom can cook everything.
6   Jason can fix that car.
7   You can use my computer.
8   I can come today.
9   We can wait.
10 We can win this game.
11 We can use this equipment.
12 She can handle it.

UNIT 11 Minus

1   I can't speak Korean.
2   I can't do it.
3   She can't stay here.
4   Erica can't ride a bike.
5   My mom can't cook.
6   Jason can't fix my computer.
7   You can't say it like that.
8   I can't go out tonight.
9   We can't wait anymore.
10 I can't finish this project.
11 We can't open this.
12 I can't help you.

UNIT 11 Question

1   Can you speak English?
2   Can you do it?
3   Can Erica come with me?
4   Can Daniel ride a bike?
5   Can they use this room?
6   Can you fix my car?
7   Can you tell me?
8   Can Megan go out tonight?
9   Can you wait for me?
10   Can I go to the washroom?
11   Can I have this?
12   Can you help us?

UNIT 11 Quiz: Be the Champion

1   Can you speak English?
2   I can't speak Korean.
3   We can speak Japanese.
4   Can they help us?
5   We can help you.
6   Erica can't go out tonight.
7   Can you tell me?
8   We can win this game.
9   Can I ask you something?
10   I can do it.
11   Can you wait for me?
12   I can't forgive him.

Speak up! I can do it. I have strength. I can overcome this pressure. I can win this game.

UNIT 12 Plus

1   I should go home now.
2   It should be all right.
3   You should listen to me.
4   Erica should get some rest.
5   You should wait here.
6   My mom should be here soon.
7   You should see a doctor.
8   We should do our best.
9   It should be Erica.
10   It should be ready now.
11   We should call her first.
12   I should call my mom.

224

UNIT 12 Minus

1   You shouldn't drink.
2   I shouldn't complain.
3   You shouldn't cut your bangs.
4   We shouldn't do that.
5   You shouldn't drink and drive.
6   This shouldn't happen.
7   You shouldn't go with him.
8   They shouldn't be here.
9   We shouldn't lose hope.
10 Children shouldn't be alone.
11 I shouldn't drink anymore.
12 We shouldn't go to that party.

UNIT 12 Question

1   Should I eat first?
2   Should we go inside?
3   Should I go with you?
4   Should we buy a hybrid car?
5   Should I take the bus?
6   Should we get started?
7   Should I say something first?
8   Should we go someplace else?
9   Should we wait for Daniel?
10 Should we go to the mall?
11 Should I reply?
12 Should I ask her out?

UNIT 12 Quiz: Be the Champion

1   You should see a doctor.
2   We shouldn't do that.
3   Should I take the bus?
4   You should leave now.
5   Should I go with you?
6   You should do it.
7   This shouldn't happen.
8   It should be easy.
9   Should we eat first?
10 You should work now.
11 You should apologize.
12 It should be ready now.

Speak up! Should I have 짜장면 or 짬뽕? Should I get a dog or a cat? Should I go out or take a rest at home?

UNIT 13 Plus

1   I have to go to work now.
2   You have to possess your driver's license.
3   We have to wake up early tomorrow.
4   My mom has to get a health check up.
5   They have to leave soon.
6   Children have to go to school.
7   You have to drive on the right in Japan.
8   We have to wear a seatbelt.
9   My brother has to wear a tie at work.
10 Athletes have to wear team uniforms.
11 You have to pay your taxes.
12 I have to succeed.

UNIT 13 Minus

1   Erica doesn't have to work over time.
2   You don't have to do this.
3   We don't have to drink.
4   You don't have to be so rude.
5   Daniel doesn't have to rush.
6   Megan doesn't have to get plastic surgery.
7   Yuna doesn't have to lose some weight.
8   I don't have to wake up early tomorrow.
9   My team doesn't have to train next week.
10 You don't have to apologize.
11 We don't have to worry.
12 You don't have to say you love me.

UNIT 13 Question

1   Does Erica have to work over time?
2   Do I have to do this?
3   Do we have to stay here?
4   Do you have to go?
5   Do we have to rush?
6   Do I have to get plastic surgery?
7   Does she have to lose some weight?
8   Do you have to wake up early?
9   Does my son have to take a blood test?
10 Do I have to apologize?
11 Do we have to worry?
12 Do you have to get back to work?

UNIT 13 Quiz: Be the Champion

1   I have to go to work now.
2   You don't have to be so rude.
3   Do I have to do this?
4   We have to wake up early tomorrow.
5   Do I have to declare anything?
6   Athletes have to wear team uniforms.
7   You don't have to come.
8   You have to drive on the right in Japan.
9   Do we have to worry?
10   I have to lose some weight.
11   You don't have to say sorry.
12   You have to pay your taxes.

Speak up! Will we train tomorrow? Do we have to wake up early tomorrow? We don't have competitions next week. We have to get some rest.

UNIT 14 Plus

1   I must tell you something.
2   You must stop smoking.
3   Kim Yuna must be really nervous.
4   You must work harder.
5   You must show your ID card.
6   Erica must make a decision now.
7   You must confess the truth.
8   Korean students must pass an entrance examination.
9   We must obey the law.
10   Passengers must fasten their seatbelts.
11   They must be really angry.
12   You must see a doctor.

UNIT 14 Minus

1   Athletes must not use drugs.
2   You mustn't ask a woman her age.
3   We must not miss the Olympics.
4   You must not eat that.
5   You must not be late.
6   You mustn't drive.
7   You mustn't smoke in a non-smoking area.
8   I mustn't eat so much sugar.
9   Police officers must not drink on duty.
10   Children must not play with fire.
11   You must not chew gum in the classroom.
12   Teachers must not use abusive language.

UNIT 14 Question

1   Must I wear this tie?
2   Do I have to wear this tie?
3   Must we cancel the meeting?
4   Do we have to cancel the meeting?
5   Must you go?
6   Do you have to go?
7   Must she learn English?
8   Does she have to learn English?
9   Must he take a taxi?
10 Does he have to take a taxi?
11 Must I be home by 11 o'clock?
12 Do I have to be home by 11 o'clock?

UNIT 14 Quiz: Be the Champion

1   You must stop smoking.
2   Athletes must not use drugs.
3   You must be tired.
4   You must show your ID card.
5   You mustn't ask a woman her age.
6   My husband must be hungry.
7   We must wear our school uniform.
8   I mustn't eat so much sugar.
9   We must cancel the meeting.
10 You must see a doctor.
11 You must not chew gum in the classroom.
12 You must be my new coach.

Speak up! Yuna Kim is a national hero in Korea. She must be very nervous. She must have a lot of pressure. Enjoy her beautiful performance.

UNIT 11~14 Wh-Question 1

1   What should I do now?
2   When can you pick me up?
3   Where do we have to go?
4   How can you speak three languages?
5   Why do you have to get up early?
6   Who should I ask?
7   What can you do for me?
8   When does she have to go to the hospital?
9   How can we get a gold medal?
10 Why must I apologize?
11 When do we have to send this application?
12 How should we study for the test?

UNIT 11~14　Wh-Question 2

1　What should I call you?
2　How can we help you?
3　Where can she buy bitcoins?
4　When do you have to finish it?
5　How can we live to 100?
6　Where do I have to park my car?
7　When can you leave your work?
8　How can I spend my money wisely?
9　Why do I have to do everything?
10　When can you stop by?
11　Why do we have to pay taxes?
12　How can I live without you?

UNIT 11~14　Can, Should, Have to, Must Training

go
1　What time can I go there?
2　What time should I go there?
3　What time do I have to go there?
4　What time must I go there?
ask
5　When can we ask our coach?
6　When should we ask our coach?
7　When do we have to ask our coach?
8　When must we ask our coach?
do
9　What can I do now?
10　What should I do now?
11　What do I have to do now?
12　What must I do now?

UNIT 15　Plus

1　Let's go now.
2　Let's ask Erica.
3　Let's make a phone call.
4　Let's begin the game.
5　Let's take a picture together.
6　Let's take a break.
7　Let's do it.
8　Let's get together.
9　Let's go out and eat lunch.
10　Let's get out of here.
11　Let's meet on Sunday.
12　Let's go by taxi.

UNIT 15 Minus

1 Let's not go there.
2 Let's not panic.
3 Let's not give up,
4 Let's not argue about it.
5 Let's not stay here too long.
6 Let's not discuss this now.
7 Let's not worry too much.
8 Let's not play tennis today.
9 Let's not go out tonight.
10 Let's not bring that up again.
11 Let's not talk about it now.
12 Let's not forget.

UNIT 15 Question

1 Let's go now, shall we?
2 Let's ask my mom, shall we?
3 Let's make a phone call, shall we?
4 Let's begin, shall we?
5 Let's take a picture together, shall we?
6 Let's take a break, shall we?
7 Let's do it, shall we?
8 Let's quit, shall we?
9 Let's go out and eat dinner, shall we?
10 Let's get out of here, shall we?
11 Let's dance, shall we?
12 Let's go by taxi, shall we?

UNIT 15 Quiz: Be the Champion

1 Let's make a phone call.
2 Let's not go out tonight.
3 Let's dance, shall we?
4 Let's take a picture together.
5 Let's not worry too much.
6 Let's quit, shall we?
7 Let's go out and eat dinner together.
8 Let's not panic.
9 Let's meet on Monday.
10 Let's not discuss this now.
11 Let's just stay home, shall we?
12 Let's play racquetball.

Speak up! What are you going to do this weekend? I have nothing to do. Let's go to a baseball stadium.

UNIT 16 Plus

1   Leave me alone.
2   Get out of here
3   Call me later.
4   Please, sit over here.
5   Please, wait for me.
6   Tell me what happened.
7   Open the door.
8   Take me too.
9   Stay with me tonight.
10 Please turn off the light.
11 Turn on the TV.
12 Do your homework.

UNIT 16 Minus

1   Don't act like a child.
2   Please, don't worry.
3   Don't touch it.
4   Don't lose your temper.
5   Please don't do that.
6   Don't be late.
7   Don't tell anyone.
8   Don't ask me for money.
9   Don't go out.
10 Please don't waste your time.
11 Don't forget your stuff.
12 Don't talk in the classroom.

UNIT 16 Plus, Minus, Never

1   Leave me alone.
    Please leave me alone.
    Don't leave me alone.
    Never leave me alone.
2   Turn on the light.
    Please turn on the light.
    Don't turn on the light.
    Never turn on the light.
3   Close the window
    Please close the window.
    Don't close the window.
    Never close the window.

UNIT 16 Quiz: Be the Champion

1   Leave me alone.
2   Don't be sad.
3   Call me later.
4   Hold on tight.
5   Never tell anyone.
6   Tell me what happened.
7   Don't waste your time.
8   Wait for me please.
9   Just do it.
10   Turn off the light.
11   Don't yell at me.
12   Please don't be mad at me.

Speak up! Erica, have a seat. What happened? Talk to me. Don't cry. I won't tell anyone. I'll help you. Don't worry. I'm with you.

You can
do it.
Trust me!